Jordan
Einführung in das Geschichtsstudium

Stefan Jordan

Einführung in das Geschichtsstudium

Philipp Reclam jun. Stuttgart

RECLAMS UNIVERSAL-BIBLIOTHEK Nr. 17046
Alle Rechte vorbehalten
© 2005 Philipp Reclam jun. GmbH & Co., Stuttgart
Gesamtherstellung: Reclam, Ditzingen. Printed in Germany 2008
RECLAM, UNIVERSAL-BIBLIOTHEK und
RECLAMS UNIVERSAL-BIBLIOTHEK sind eingetragene
Marken der Philipp Reclam jun. GmbH & Co., Stuttgart
ISBN 978-3-15-017046-5

www.reclam.de

Inhalt

1. Einleitung 9

2. Die Universität als Arbeitsplatz und
   Lebensraum 12
   - 2.1. Die Struktur der Universität 13
   - Exkurs: Die Finanzierung des Studiums 15
   - 2.2. Die Struktur der Fakultäten. 17
   - 2.3. Die Struktur des Studiums 18

3. Geschichte als Wissenschaft 23
   - 3.1. Geschichte der Geschichtswissenschaft. . 23
   - 3.2. Teilbereiche der Geschichtswissenschaft. 27
   - 3.2.1. Epochal strukturierte Teilbereiche der Geschichtswissenschaft 27
   - 3.2.2. Sektoral strukturierte Teilbereiche der Geschichtswissenschaft 29
   - 3.2.3. Regional (geographisch) strukturierte Teilbereiche der Geschichtswissenschaft 33
   - 3.2.4. Weitere Teilbereiche der Geschichtswissenschaft 34
   - 3.3. Geschichte als Gegenstand der Geschichtswissenschaft 37
   - 3.3.1. Was ist ›Geschichte‹? 37
   - 3.3.1.1. Geschichte als ›Lehrmeisterin des Lebens‹ 39
   - 3.3.1.2. Geschichte als Identitätsbildung 40
   - 3.3.1.3. Geschichte als politisches Verhalten . . 42
   - 3.3.2. Geschichte und Beruf 45

4. Das historische Material 49
Exkurs: Umgang mit historischem Material:
Lesen – Exzerpieren – Vervielfältigen 50

- 4.1. Quellen 54
- 4.1.1. Primärquellen 54
- 4.1.2. Regesten 56
- 4.1.3. Sekundäre Quellen 57
- 4.2. Sekundärliteratur. 58
- 4.2.1. Monographien 58
- 4.2.1.1. Einzelforschungen 59
- 4.2.1.2. Reihenwerke 59
- 4.2.1.3. Biographien 60
- 4.2.1.4. Handbücher 62
- 4.2.2. Periodika und Sammelbände 63
- 4.2.2.1. Zeitungen und Zeitschriften 64
- 4.2.2.2. Jahrbücher 65
- 4.2.2.3. Sammelbände 66
- 4.2.3. Lexika und Nachschlagewerke 68
- 4.2.3.1. Konversationslexika 68
- 4.2.3.2. Biographische Lexika 69
- 4.2.3.3. Sachwörterbücher 71
- 4.2.4. Rezensionsorgane 73
- 4.2.5. Historische Atlanten, Tabellen und Statistiken 75
- 4.2.6. Bibliographien 77

5. Literaturrecherche im Internet und vor Ort 79
- 5.1. Bibliographische Recherche 79
- 5.2. Recherchieren im Internet 84
- 5.3. Benutzung von Bibliotheken 89
- 5.3.1. Bibliothekstypen 89
- 5.3.2. Struktur wissenschaftlicher Bibliotheken 91

5.4.	Benutzung von Archiven	94
5.4.1.	Typen des Archivs	95
5.4.2.	Anmeldung und Anfrage	99
5.4.3.	Suche nach Archivalien	101
5.4.4.	Praktische Arbeit im Archiv	103
6. Wissenschaftliche Forschung und Darstellung		106
Exkurs: Das Plagiat		106
6.1.	Methodische Schritte historischer Forschung	108
6.1.1.	Die Frage nach der Relevanz	108
6.1.2.	Fragestellung und Literatursuche (Heuristik)	109
6.1.3.	Quellenkritik	111
6.1.3.1.	Prüfung der Echtheit	111
6.1.3.2.	Prüfung der Chronologie	112
6.1.3.3.	Prüfung der Richtigkeit	113
6.1.4.	Interpretation	116
6.2.	Die Konzeption wissenschaftlicher Darstellungen	123
6.2.1.	Die Einleitung	123
6.2.2.	Der Hauptteil	125
6.2.3.	Der Schluss	128
6.3.	Formen wissenschaftlicher Darstellung	129
6.3.1.	Der Vortrag, das Referat	131
6.3.2.	Das Thesenpapier	132
6.3.3.	Das Protokoll	135
6.3.4.	Klausuren und mündliche Prüfungsvorträge	136
6.3.5.	Der Aufsatz, die Seminararbeit, der Essay	137
6.3.6.	Die Monographie, die Magister- bzw. Examensarbeit	140

6.4.	Der formale Aufbau wissenschaftlicher Darstellungen	141
6.4.1.	Allgemeine Formatierung	142
6.4.2.	Das Titelblatt	143
6.4.3.	Das Inhaltsverzeichnis	143
6.4.4.	Zitierweisen	145
6.4.4.1.	Fußnoten und Anmerkungen	146
6.4.4.2.	Zitieren im Text	147
6.4.4.3.	Anmerkungen zu Monographien	150
6.4.4.4.	Anmerkungen zu Aufsätzen	151
6.4.4.5.	Anmerkungen zu Nachschlagewerken	153
6.4.4.6.	Zitate aus ›zweiter Hand‹, ›Zitieren nach‹	154
6.4.4.7.	Anmerkungen zu Bildern, Karten und Tabellen	155
6.4.4.8.	Anmerkungen zu Archivalien	156
6.4.4.9.	Anmerkungen zu digitalen Medien	157
6.4.4.10.	Kurzzitierweisen	159
6.4.5.	Das Quellen- und Literaturverzeichnis	160
6.4.6.	Das Abkürzungsverzeichnis	161

Anhang 163
Beispiel für ein Inhaltsverzeichnis 165
Beispiele für Titelblätter 166
Bibliographische Hinweise zu weiteren
Einführungen in das Geschichtsstudium 168

Zum Autor 173

1. Einleitung

»**Student, Studenten,** oder **Studirende,** Lat. *Studentes* oder *Studiosi,* Frantz. *Etudians,* werden diejenigen Personen genennet, so sich einige Jahre auf Universitäten aufhalten, um eine oder die andere von denen so genannten vier Facultäten zu begreifen, damit sie hernach der Kirchen, Schulen, oder dem gemeinen Wesen, nützliche Dienste leisten mögen.«

Diese Definition stammt aus Johann Heinrich Zedlers *Grossem vollständigem Universal-Lexicon* (Leipzig/Halle 1744, Bd. 40, Sp. 1185). Mit kleinen Modifikationen kann sie auch heute noch gelten: So müsste die Zahl der Fakultäten erweitert werden, zu denen in Zedlers Zeit nur Theologie, Philosophie, Jura und Medizin zählten. War das Geschichtsstudium im 18. Jahrhundert noch Teil des philosophischen Studiums, so hat sich die Geschichtswissenschaft inzwischen ›emanzipiert‹, ist eigenständige Fakultät geworden und kann als Fach an Universitäten gelehrt und gelernt werden. Damit erweiterte sich auch das Berufsspektrum, das Zedler auf den Dienst für den Staat, in Kirchen und in (damals noch nicht staatlichen) Schulen einschränkte. Heute stehen dem Historiker zusätzlich viele Arbeitsbereiche in der ›freien Wirtschaft‹ offen, auf die das Studium ebenfalls vorbereiten soll. Und wenn Zedler von ›einigen Jahren‹ spricht, die Studierende auf Universitäten verbringen, so zeigt dies deutlich, dass sein Artikel lange vor den seit den 1990er Jahren erfolgenden Bildungsreformen geschrieben worden sein muss, die mit neuen Studienordnungen, Studiengebühren und der Androhung von Zwangsexmatrikulation das Studium ›effektiv‹ machen sollen. Hieraus ergibt sich für Studierende häufig ein Spagat zwischen einem geforderten schnellen und praxisorientierten Studium und dem Wunsch nach

Bildung und Hingabe an ein Studienfach, das sich nicht auf eine Berufsvorbereitung reduzieren lässt.

Damit dieser Spagat gelingt, ist es notwendig, sich möglichst frühzeitig mit den Rahmenbedingungen des Studiums vertraut zu machen, einen Studienplan zu entwickeln und das Rüstzeug – die formalen Grundkenntnisse und Tricks – des Historikers zu erwerben. Je weniger der formale Rahmen das Geschichtsstudium belastet, desto mehr Zeit bleibt für dessen Inhalte übrig. Hinweise, Hilfestellungen, Einleitungen und (kommentierte) Literaturtipps hierzu zu geben, ist das Ziel dieses Bandes. Er versteht sich als praxisnahes ›Propädeutikum‹ (= Einführung in die wissenschaftlichen Vorkenntnisse) für alle Bereiche der Geschichtswissenschaft und richtet sich damit an alle Geschichtsstudierenden, solche, die es werden wollen, oder jene, die Geschichtswissenschaft als Hobby betreiben. Die *Einführung in das Geschichtsstudium* bietet nicht nur Einstiege in die Geschichte und Struktur des Fachs Geschichtswissenschaft; sie zeigt darüber hinaus Wege und Motive auf, wie und warum Geschichte studiert werden kann. Da dieses Studium im universitären Rahmen stattfindet, beschreibt sie auch in kurzen Zügen die Universität als Institution wie als Arbeits- und Lebensraum. Ein weiterer Schwerpunkt der Einführung liegt auf der Übersicht über die verschiedenen Arten historischer Quellen und Literatur sowie den Umgang mit ihnen: Die historischen Materialien werden vorgestellt, Recherchemöglichkeiten genannt und praktische Hilfestellungen für die Arbeit der Geschichtsstudierenden im Internet, in der Bibliothek und im Archiv gegeben. Zur Praxis des Historikers zählt ganz zentral die Gliederung seines Stoffs, der Aufbau seiner Beweisführung und das Verfassen von Texten: Referate müssen gehalten, Seminar- und Abschlussarbeiten verfasst, Essays und Thesenpapiere geschrieben werden. Diese Leistungen werden in einem auf ›Effektivität‹ bedachten Studienbetrieb, in dem die Stellen der durch lange

Lehrjahre didaktisch erfahrenen Dozenten gestrichen werden, heute nur noch oberflächlich vermittelt; sie müssen von Studierenden in Eigeninitiative erworben werden. Diese Einführung will solche Eigeninitiative unterstützen und einen Überblick verschaffen über etwas, das jedem Geschichtsstudierenden zunächst als bedrohlicher Formaldschungel gegenübertritt: das Zitieren.

Nicht zuletzt soll bei alledem die Anwendbarkeit historischen Wissens im Auge behalten werden; Geschichtswissenschaft zu studieren ist keineswegs eine so brotlose Kunst, wie es vielfach in der Öffentlichkeit behauptet wird. Wird das Geschichtsstudium in Hinsicht auf eine Anwendbarkeit des erworbenen Wissens betrieben, dann eröffnen sich Horizonte: für einen Beruf, für die eigene Persönlichkeit und für die Menschen um den Historiker herum – denn Geschichtswissenschaft ist eine Wissenschaft für Menschen, für die Gesellschaft. Die »nützlichen Dienste«, von denen Zedler schon sprach, sind darum auch heute noch höchstes Ziel und zugleich höchste Auszeichnung für jeden, der historischen Wissenschaften nachgeht.

Stefan Jordan

2. Die Universität als Arbeitsplatz und Lebensraum

Wenn jemand sagt: »Ich gehe zur Universität«, kann er damit ganz Unterschiedliches meinen. Am häufigsten wird dieser Satz wohl verwendet, um darauf hinzuweisen, dass man dieses oder jenes Fach studiert. ›Universität‹ wird dann als Ort verstanden, an dem Forschung und Lehre stattfinden. In weiterer Bedeutung kann aber auch die Universität als zusammenhängendes Gefüge öffentlicher Einrichtungen gemeint sein. Sie besteht nicht nur aus Hörsälen, Laboren und Sekretariaten. Zu ihr gehören auch Verwaltungen, Bibliotheken, Kultureinrichtungen, Cafeterien, die Mensa (als Kantine für Studierende und Lehrende), mitunter ein Botanischer Garten, Schwimmbad und Sportanlagen. Die Universität ist nicht allein Stätte der Arbeit, Ort von Bildung und Ausbildung. Sie ist darüber hinaus Lebensraum. ›Zur-Universität-gehen‹ heißt auch: sich mit Menschen zu treffen, in Cafeterien zu sitzen und (nicht nur) über Studium und Wissenschaft zu sprechen, zusammen zu Mittag zu essen, einen Kino- oder Theaterabend einzulegen oder einen Tanzkurs zu besuchen.

Besonders dieser letzte Aspekt wird von vielen Studierenden zu wenig beachtet. Ein durchschnittliches Studium dauert trotz aller Bemühungen der Länder, der Universitäten und der Studierenden selbst, die Studienzeiten zu verkürzen, im Schnitt immer noch vier bis fünf Jahre oder mehr. Wer in dieser langen Zeit einen ›Alleingang‹ versucht, die Universität also als Ausbildungsinstitution begreift, in die man ausschließlich geht, um Wissen zu erwerben und Leistungen zu erbringen, kann sein Umfeld als anonyme Massenabfertigung, als Nebeneinander und nicht als Miteinander von Menschen erleben. Nicht nur für Geisteswissenschaftler, in deren Studium auf das Gespräch besonderer Wert gelegt wird, ist der Kommunikationsraum Universität notwendiger Bestandteil des Bildungsgangs. Der Umgang mit Kommilitonen und Lehrenden regt dazu an, neue Interessen zu wecken, sich mit anderen Meinungen und Sichtweisen auseinander zu setzen. Das Gespräch mit Leuten, die vor vergleichbaren Anforderungen stehen, hilft zudem in Phasen des Zweifels, ob der gewählte Studiengang der richtige sei – die bei fast jedem Studierenden auftauchen –, und der Angst vor Prüfungen, die ebenfalls jeder teilt (ob er sie zugibt oder nicht). Nutzt man diese Möglichkeiten, so ist es fast unvermeidbar, dass man neue Freundschaften schließt. Und wer meint, dass er seine Freunde trifft, indem er sagt, er gehe zur Universität, hat einen weiteren Grund hierfür gewonnen, wenn die Veranstaltung, die ihn erwartet, das Buch, das gelesen werden muss oder der trockene Vortrag eines Lehrenden nur wenig dazu reizen.

Eine Einführung in das Leben an der Universität gibt es nicht und kann es nicht geben, so wichtig sie wäre. Hier ist jeder Studierende auf sein eigenes Engagement, seinen eigenen Willen und seine Fähigkeiten angewiesen, sich in neue Zusammenhänge zu bringen. Als Institution und als Ort von Lehre und Forschung ist die Universität dagegen beschreibbar. Ihren Aufbau und ihre Funktionsweisen zu kennen, bedeutet, sich besser orientieren und Zusammenhänge besser verstehen zu können.

2.1. Die Struktur der Universität

Universitäten sind eigenständige Rechtskörper mit einer Selbstverwaltung. An der Spitze ihrer Verwaltung steht der *Rektor*, ein aus dem Kreis der Professoren gewähltes Mitglied, dem die Repräsentation der Hochschule nach außen obliegt und dessen offizielle (schriftliche) Anrede »Magnifizenz« lautet. Unterstützt wird der Rektor vom *Kanzler*, einem Verwaltungsbeamten, der der Universitätsverwaltung dienstrechtlich vorsteht. Von besonderem Interesse für Studierende sind neben der Universitätsbibliothek (s. Kap. 5.3.) das *Rechenzentrum* und das *Universitätssekretariat*.

Im Universitätssekretariat werden alle Angelegenheiten der Studienwahl erledigt. Hier erfolgt die erste *Immatrikulation* (Einschreibung), in der *Studiengang* (Art des Studiums wie Magister-[MA-], Lehramt- oder Baccalaureus-[BA-]Studium), *Studienfächer* und *Studienart* (ordentlicher Student, Zweithörer mit gleichzeitiger Immatrikulation an einer anderen Universität, Gasthörer) festgelegt werden. Für die nach jedem Semester erforderliche *Rückmeldung* ist das Universitätssekretariat ebenso zuständig wie für den Wechsel von Studiengang oder -fach, die Beantragung eines Freisemesters und die *Exmatrikulation* im Fall von Studienende, -abbruch oder Wechsel des Studienorts. Das Rechenzentrum ist verantwortlich für die EDV der Universität. Es verwaltet die E-Mail-Accounts aller Studierenden und bietet an fast allen Universitäten die Möglichkeit zum Aufbau einer eigenen Homepage.

Eine eigene Verwaltung besitzt der *Allgemeine Studierenden-Ausschuss* (AStA), dessen von allen Studierenden gewählte Mitglieder die Interessen der Studierenden vertreten und der auch Mitbestimmungsrecht in der Universitätspolitik hat, zum Beispiel bei der Besetzung neuer Stellen. Ebenfalls nicht zur Universitätsverwaltung gehörig, aber in deren Räumen häufig zu finden, ist das *Studentenwerk*, das unter anderem für die Verwaltung landeseigener *Studentenwohnheime* zuständig ist und kulturelle Veranstaltungen unterstützt. In der Nähe der Universitätsverwaltung befinden sich auch meist das *Amt für Förderung nach dem Bundesausbildungsförderungsgesetz* (BAföG-Amt) und eine Außenstelle des *Arbeitsamts*. Beide Stellen sind besonders wichtig für die Finanzierung des Studiums, die nun kurz betrachtet werden soll.

Exkurs: Die Finanzierung des Studiums

Das BAföG-Amt ist die erste Anlaufstelle für alle, die finanzielle staatliche Unterstützung beantragen wollen. Diese wird zur Zeit bei nachweisbarer Berechtigung zu 50 Prozent als zinsloses Darlehen und zu 50 Prozent als rückzahlungsfreies Stipendium gewährt. Die Bewilligung einer *Studienförderung gemäß BAföG* muss jedes Semester neu erteilt werden; die hierfür sowie für den Erstantrag notwendigen Formulare sollten so früh wie möglich korrekt ausgefüllt eingereicht werden, da sonst Finanzierungslücken entstehen können. Die Förderung durch BAföG ist auf die Regelstudienzeit begrenzt; für bestimmte Fachrichtungen und für bestimmte Leistungen (z. B. notwendiger Erwerb einer Fremdsprache) gibt es aber ebenso Ausnahmen wie für persönliche Handicaps (z. B. Krankheit, Behinderung). Die Rückzahlung des als Darlehen gewährten Förderungsteils beginnt etwa 5 Jahre nach Ablauf der Förderungshöchstdauer, sofern der Rückzahlungspflichtige zu diesem Zeitpunkt über ein bestimmtes Mindesteinkommen verfügt. Das Darlehen kann auch mit einer einmaligen Zahlung vor Beginn des Rückzahlungszeitraums getilgt werden; in diesem Fall wird dem Darlehensnehmer eine Teilschuld erlassen. Ebenfalls eine Minderung des Rückzahlungsbetrags beantragen kann, wer innerhalb von 12 Monaten nach Ende der Förderungshöchstdauer mit dem Ergebnis seiner Abschlussprüfung zu den besten 30 Prozent aller Prüfungsabsolventen zählt, die diese Prüfung in demselben Kalenderjahr abgeschlossen haben. Weitere Teilerlasse sind möglich für Studierende, die Ihren Abschluss vor dem Ende der Förderungshöchstdauer erlangt haben, politische Verfolgung nachweisen können oder durch Kinderbetreuung zeitlich belastet waren.

Eine weitere Möglichkeit der Studienfinanzierung oder -teilfinanzierung ist das *Jobben*. Speziell auf Studenten zugeschnittene Teilzeitjobs vermitteln die Arbeitsämter an den Universitäten. Erfolgreicher ist aber meist eine gezielte Eigeninitiative, zumal sie sich auf Tätigkeiten richten kann, die zu einem möglichen späteren Berufsziel gehören. Ideal ist es nämlich, eine Arbeit zu finden, die zur Finanzierung des Lebensunterhalts beiträgt und zugleich Perspektiven eröffnet: Das kann heißen, dass aus dieser Tätigkeit eine spätere Berufsstelle unmittelbar hervorgeht. Genauso kann es aber auch bedeuten, dass sich ein Aushilfsjob ›gut im Lebenslauf macht‹ – man also nachweisen kann, in bestimmten Berufen bereits während des Studiums Erfahrungen gesammelt zu haben (s. Kap. 3.3.2.).

Ideale Bedingungen zur Studienfinanzierung bieten *Studienstipendien*. Darunter versteht man Unterstützungen von öffentlichen Einrichtungen (Stiftungen, Bundesländer, Kommunen) und Vereinen (z. B. Rotary Club). Voraussetzung für den Erhalt eines Stipendiums sind besondere Leistungen und Lebensumstände (z. B. soziale Notlage). Hinzu kommen besondere Anforderungen an das persönliche Profil, die von den Zielsetzungen der Stipendiengeber abhängen: So finanzieren die Stiftungen der großen politischen Parteien, der Gewerkschaften und Kirchen vorzugsweise Personen, die ihrem Denken und Handeln in besonderer Weise (z. B. Mitgliedschaft, aktive Mitarbeit) verbunden sind. Um ein Stipendium zu erhalten, muss man in der Regel von einem bzw. zwei Gutachtern bei einem Stipendiengeber vorgeschlagen werden. Die Förderungshöchstdauer eines Stipendiums ist normalerweise wie beim BAföG-Stipendium auf die Regelstudienzeit begrenzt. Eine besondere Form des Stipendiums stellt das *Auslandsstipendium* dar, das zur Finanzierung von einzelnen Semestern oder Studiengängen im Ausland dient.

Ausbildungsförderung BAföG, Bildungskredit und Stipendien. Hrsg. vom Bundesministerium für Bildung und Forschung. Bonn [erscheint jährlich aktualisiert].

Herrmann, Dieter / Verse-Herrmann, Angela: So finanziere ich mein Hochschulstudium. Stipendien, Förderprogramme, Unterstützungsmöglichkeiten. Frankfurt a. M. 1999.
Seidenspinner, Gerlinde / Seidenspinner, Gundolf: Durch Stipendien studieren. Stipendien, Förderungsmöglichkeiten, Studiendarlehen, Auslandspraktika. Landsberg a. L. ¹⁹1999. [Zuerst 1964.]

2.2. Die Struktur der Fakultäten

Wissenschaftlich gliedert sich die Universität in *Fakultäten* oder *Fachbereiche*. An moderneren Unis sind die Historiker mit einem eigenen Fachbereich vertreten, an den älteren sind sie in die Philosophische Fakultät integriert. Die Vertretung der Fakultät nach außen und gegenüber der Universität übernimmt der aus dem Professorenkreis gewählte *Dekan* (im Schriftverkehr mit »Spectabilis« anzureden). Er steht dem *Dekanat* vor, von wo aus zusammen mit einem *Geschäftszimmer* (auch: »Studierendensekretariat« o. Ä.) die Fakultät verwaltet wird.

Dekanat und Geschäftszimmer sind zuständig für die Ausstellung von Hörerscheinen und Prüfungszeugnissen. Meist sind hier die *Studienordnungen* erhältlich, in denen die Anforderungen an den gewählten Studiengang verzeichnet sind. Auch erste Informationen über *Studienberatungen* sind hier zu bekommen. Für Anmeldungen zu Prüfungen gibt es in den Fakultäten *Prüfungsämter*. Wer sich zu einer Prüfung anmelden möchte, sollte sich hier rechtzeitig eine *Prüfungsordnung* besorgen und sich über die Anmeldefristen informieren. Dem AStA auf universitärer Ebene entsprechen studentische *Fachschaften* auf Fakultätsebene. Von Studierenden der Fakultät gewählt, vertreten sie deren Interessen in den Fakultätsgremien und bieten zudem eigene Studienberatungen an, in denen man auch inoffizielle Tipps bekommen kann.

Die Fakultäten gliedern sich in Institute, Professuren

und Mitarbeiterstellen. Das Institut ist eine Unterabteilung mit einem abgegrenzten Wissenschaftsbereich, das von mindestens einem Professor geleitet wird. Weitere Wissenschaftsbereiche sind durch einzelne Professoren vertreten, die häufig einem Lehrstuhl mit Assistenten, wissenschaftlichen Mitarbeitern, Hilfskräften und einem Sekretariat vorstehen. Daneben gibt es noch weitere wissenschaftliche Mitarbeiter, die keinem Lehrstuhl angehören, sondern der Fakultät direkt unterstehen. Ähnliches gilt für Lehrbeauftragte, die keine feste Anstellung an der Fakultät haben, aber mit der Durchführung einer Lehrveranstaltung betraut sind. Im deutschen Recht gibt es unterschiedliche Formen der Professor (ordentlicher [Ordinarius] und außerordentlicher Professor, Honorarprofessor, Titularprofessor, Studienprofessor etc.), die sich mitunter auf die Prüfungsberechtigung auswirken können. Wer ins Auge fasst, sich einer Prüfung zu unterziehen, sollte sich rechtzeitig bei dem entsprechenden Professor oder beim Prüfungsamt über die Prüfungsberechtigung des Betreffenden erkundigen.

2.3. Die Struktur des Studiums

Das Studium der Geschichtswissenschaft gliedert sich in ein *Grundstudium* und ein *Hauptstudium*. Der Abschluss des Grundstudiums wird durch ein Zwischenprüfungszeugnis bescheinigt, für das in der Regel besondere Leistungen (meist eine Klausur und eine mündliche Prüfung) zu erbringen sind. Dieses Zeugnis gilt offiziell als Zulassungsberechtigung für Veranstaltungen im Hauptstudium, wenngleich in der Praxis kaum in Hauptseminaren danach verlangt wird.

Das jeweilige Angebot einer Fakultät ist in einem *Vorlesungsverzeichnis* zu finden, das für jedes Semester rechtzeitig vor dessen Beginn erscheint. Es gibt *unkommentier-*

te *Vorlesungsverzeichnisse*, in denen alle Veranstaltungen der gesamten Universität zu finden sind. Ein Blick in diese Verzeichnisse eignet sich besonders, wenn man *interdisziplinär* studieren will, also auch Veranstaltungen an Fakultäten besuchen möchte, für die man vielleicht nicht eingeschrieben ist. Außerdem gibt es *kommentierte Vorlesungsverzeichnisse*, die nur die Veranstaltungen einzelner Fakultäten bzw. Fachbereiche enthalten. Der Vorteil dieser Verzeichnisse ist, dass sie kurze Kommentare zu Inhalt und Ziel der angekündigten Veranstaltungen (mitunter auch Literaturlisten und Termine) enthalten. Diese Verzeichnisse werden zur Planung des Studiums in dem Fachbereich benutzt, für den man eingeschrieben ist. Sie sind inzwischen auch beinahe durchgehend auf der Homepage des Fachbereichs im Internet zu finden.

Regelmäßige Veranstaltungen im Studium können unterschiedliche Formen haben. Es gibt die Vorlesung, das Seminar, die Übung und praktische Übung sowie das Kolloquium. *Vorlesungen*, in denen ein Dozent über ein Thema referiert, finden meist in Hörsälen statt. Mitunter folgt im Anschluss ein Kolloquium oder eine Übung, in der über den Inhalt der Vorlesung diskutiert wird. Im *Seminar* und in der *Übung* steht das Gespräch im Vordergrund, werden Referate von Studierenden gehalten, manchmal Protokolle geschrieben und gemeinsame Texte gelesen und besprochen. Die *praktische Übung* dient der Berufsvorbereitung. In ihr wird die Arbeit des Historikers im Verlag, in den Medien, in Gedenkstätten und Museen oder im Archiv behandelt. Diese Veranstaltungsform ist häufig mit einem Praktikum verbunden und darum besonders wertvoll für die persönliche Zukunftsplanung. Das *Kolloquium* ist, sofern es nicht in Verbindung mit einer Vorlesung angeboten wird, meist eine Veranstaltung für fortgeschrittene Studierende und Doktoranden, in der Abschlussarbeiten vorgestellt oder komplexere Sachverhalte diskutiert werden. Neben diesen regelmäßigen Veranstaltungen empfiehlt sich der Besuch von *Gastvorträgen* und *Workshops*. Diese bieten die Möglichkeit, Wissenschaftler anderer Universitäten – vielleicht auch anderer Länder – und deren Forschungsansichten kennen zu lernen. In ihnen lassen sich Dinge erfahren, die in den an der betreffenden Fakultät angebotenen historischen Wissenschaftsbereichen eventuell nicht oder anders behandelt werden.

Ganz wichtig für ein erfolgreiches Studium ist eine intelligente *Studienplanung*. Grundvoraussetzung hierfür ist eine genaue Kenntnis der Studienordnung bzw. eine ausführliche Studienberatung, bei der vor allem auf zwei Punkte geachtet werden muss:

– *Leistungsanforderungen*: Mit leichten Unterschieden in der Benennung werden an deutschen Universitäten drei Formen von Leistungen getrennt: der qualifizierte Leistungsnachweis (»großer Schein«), der unqualifizierte Leistungsnachweis (»kleiner Schein«) und der Hörernachweis (»Teilnahmeschein«). Voraussetzung für den *qualifizierten Leistungsnachweis* ist eine Kombination von Leistungen. Wie bei allen Veranstaltungen ist die erste Bedingung die regelmäßige Teilnahme. Nächste Voraussetzung ist eine schriftliche und/oder mündliche Arbeit (Referat, Klausur, Seminararbeit, Essay). Für diese Leistung wird eine Bewertung vergeben. Der qualifizierte Nachweis ist also ein »benoteter Schein«. Unbenotet ist der *unqualifizierte Leistungsnachweis*, der für die regelmäßige Teilnahme und einen kleineren mündlichen oder schriftlichen Beitrag (Kurzreferat, Protokoll, Thesenpapier) ausgestellt wird. *Teilnahme-* oder *Hörernachweis* werden für die reine Anwesenheit in Veranstaltungen ausgestellt; an vielen Universitäten wird an ihrer Stelle die betreffende Veranstaltung in einen *Beleg-* oder *Hörerbogen* vom Studenten selbst eingetragen.
– *Bereiche der Leistungserbringung*: Eine ausreichende

Anzahl erbrachter Leistungsnachweise reicht noch nicht aus, um die formalen Voraussetzungen für ein Studium zu erfüllen; wichtig ist auch, die Bereiche zu beachten, für die Leistungen gefordert werden. Wer etwa »Alte Geschichte« als Hauptfach im Magisterstudiengang studiert, muss in diesem Bereich mehr Nachweise erbringen als in den Nebenfächern. Auch im Lehramtsstudium werden bestimmte »Spezialisierungen« erwartet, die eine höhere Anzahl von Leistungsnachweisen in einem bestimmten Bereich erfordern. Man unterscheidet prinzipiell zwischen einem *Pflichtbereich*, einem *Wahlpflichtbereich* und einem *Wahlbereich*. Während »Pflichtbereich« besagt, dass für einen bestimmten Studiengang eine bestimmte Anzahl von Leistungsnachweisen in einem bestimmten Bereich zu erbringen ist, heißt »Wahlpflicht«, dass der Studierende hier selber entscheiden darf, wo er seine Leistung erbringt. Als »Wahlbereich« wird demgegenüber die Leistungserbringung in Veranstaltungen bezeichnet, die beliebig gewählt werden können. Das klingt verwirrend, so dass ein Beispiel hilft: Nehmen wir einen Studiengang »Alte Geschichte« an, in dem es drei unterschiedliche Studienbereiche (»Griechische Geschichte«, »Römische Geschichte«, »Historische Hilfswissenschaften«) gibt. Eine fiktive Studienordnung sieht nun im Pflichtbereich vor, dass alle Studierenden in jedem dieser Bereiche eine zweistündige Veranstaltung mit einem qualifizierten Leistungsnachweis erbringen müssen. Im Wahlpflichtbereich wird dem Studierenden auferlegt, in zwei dieser drei Gebiete jeweils eine zweistündige Veranstaltung mit unqualifiziertem Leistungsnachweis zu absolvieren. Er muss diese Leistung erbringen, aber er kann wählen, in welchem Bereich dies geschehen soll. Zählt man die geforderten Stunden zusammen, die sich durch den Erwerb der Leistungsnachweise ergeben, so kommt man auf insgesamt 10 Semesterwochenstunden.

Unsere fiktive Studienordnung sieht aber vor, dass jeder Studierende mindestens 18 Semesterwochenstunden studiert haben muss. Es bleiben also 8 Stunden, die in frei gewählten Veranstaltungen zu einem beliebigen Teilgebiet zu belegen sind. Das ist der Wahlbereich.

Studienplanung – das heißt auch, die geforderten Leistungen geschickt über das Gesamtstudium zu verteilen. Hierzu ist es sinnvoll, bei Beratungsstellen der Fakultät oder Fachschaft nach *Musterstundenplänen* zu fragen. Da das Studium in den ersten Semestern meist ziemlich standardisiert ist, wird in solchen Stundenplänen empfohlen, welche Veranstaltungen besucht und welche Leistungen am Studienanfang erbracht werden sollen. Natürlich muss jeder Studierende die Anforderungen seiner Fächerkombination im Auge behalten, da diese in Musterstundenplänen nicht berücksichtigt ist.

Zu einer vorausschauenden Studienplanung gehört auch der frühzeitige Blick auf die Abschlussprüfung. Häufig gehen die Themen für Magister- und Examensarbeiten aus Seminarthemen oder -arbeiten hervor; selten werden Prüfungen bei Dozenten abgelegt, die dem Prüfling nicht aus Veranstaltungen bekannt sind. Studienplanung heißt in dieser Blickrichtung auch: Suche nach Arbeitsschwerpunkten, nach Prüfungsthemen und nach Prüfern.

Redder, Angelika (Hrsg.): »Effektiv studieren«. Texte und Diskurse in der Universität. Osnabrück 2002. (Osnabrücker Beiträge zur Sprachtheorie. Beih. 12.)

Rückert, Hans-Werner: Studieneinstieg, aber richtig! Frankfurt a. M. / New York 2002.

Turner, George: Das Fischer Hochschullexikon. Begriffe – Studienfächer – Anschriften. Frankfurt a. M. 1994.

Wagner, Wolf: Uni-Angst und Uni-Bluff. Wie studieren und sich nicht verlieren? Hamburg ^{6}2002. [Zuerst 1992.]

Zeller, Bernd: 101 Gründe, nicht zu studieren. München/Zürich 2001. [Zuerst 1999.]

3. Geschichte als Wissenschaft

›Geschichte‹ ist Anfängerstudierenden als gesondertes Fach bereits aus der Schulzeit bekannt. Dabei ist es im Grunde genommen falsch oder zumindest zu kurz, von ›der Geschichte‹ als Fach zu sprechen. So wie es kein Schulfach gibt, in dem ›Lebendes‹ vermittelt wird, wohl aber eines, in dem die ›Lehre vom Lebenden‹ (Bio-logie) Gegenstand ist, betreibt man auch nicht ›Geschichte‹, sondern Geschichtswissenschaft.

3.1. Geschichte der Geschichtswissenschaft

Auf die Frage, was ›Geschichte‹ überhaupt ist, gibt es ganz unterschiedliche Antworten. Als man sich Mitte des 18. Jahrhunderts erstmals wissenschaftlich, das heißt auf der Grundlage festgelegter Theorien und Methoden, mit der Historie zu beschäftigen begann, versuchte man zunächst, ›Geschichte überhaupt‹ zu betreiben. Unter den Überschriften *Weltgeschichte*, *Allgemeine Geschichte* oder *Universalgeschichte* widmete man sich dem gesamten Lauf der Welt in historischer Perspektive. Für Leopold von Ranke (1795–1886) etwa, der als ein Begründer moderner Geschichtswissenschaft in Deutschland gilt, war es zu Beginn des 19. Jahrhunderts Aufgabe der Geschichtswissenschaft, zu zeigen »wie es eigentlich gewesen« ist. Nach diesem Verständnis wurde Geschichtswissenschaft als daten- und faktenorientierte Erzählung betrieben.

Spätere Historiker wie Johann Gustav Droysen (1808–1884) haben Kritik an dieser Auffassung geübt. Für sie war Geschichte – beispielsweise in der philosophischen Tradition des Deutschen Idealismus – die Geschichte des Geistes oder der Ideen. Für die *Geistesgeschichte* und *Ideengeschichte* dieses älteren Typs steht als Untersuchungsgegenstand das Denken im Vordergrund, das einzelne Völker und die ›großen Personen‹ kennzeichne, durch die der Fortschritt der Völker maßgeblich bestimmt worden sei. Diese Form des Geschichtsdenkens, die für das 19. Jahrhundert typisch ist und bis in die Zeit nach dem 2. Weltkrieg betrieben wurde, wird auch als *Historismus* bezeichnet. Historistische Geistes- und Ideengeschichte richtete ihr Augenmerk auf einmalige Handlungen und individuelle Persönlichkeiten, die eine Entwicklung durch die Zeiten bewirkt hätten. *Individualität* und *Entwicklung* sind daher auch als Charakteristika des Historismus bezeichnet worden.

In der Mitte des 19. Jahrhunderts wurden weitere Geschichtsauffassungen entwickelt. Neben Georg Wilhelm Friedrich Hegels (1770–1831) *Philosophie der Weltgeschichte* (1830) wurde vor allem die Geschichtsphilosophie von Karl Marx (1818–1883) und Friedrich Engels (1820–1895) für die Entwicklung der Geschichtswissenschaft bedeutend. Für Marx und Engels war Geschichte die gesetzmäßige, stufenförmige Abfolge von fortschreitenden Entwicklungsstadien der Menschheit, die durch soziale Gegensätze bestimmt worden sei: Auf die Stufe der Urgesellschaft sei die Sklavenhaltergesellschaft gefolgt – bestimmt durch den Gegensatz von Herr und Sklave. An sie habe sich die Feudalgesellschaft angeschlossen, die sich durch den Kampf zwischen der Klasse der Grundbesitzer (›Lehnsherren‹) und der Klasse der abhängigen Bauern (›Lehnsleute‹) ausgezeichnet habe. Als dritte Stufe erkannten Marx und Engels den Kapitalismus als antagonistisches Zusammenleben von besitzenden Kapitalisten und besitzlosen Proletariern; nach ihrer Überwindung folge notwendigerweise irgendwann der Sozialismus und Kommunismus, in dem die Klassengegensätze aufgehoben seien. Die Form der Geschichtswissenschaft, die mit diesem Modell operiert, bezeichnet man als *Historischen Materialismus*. Mit der Geschichtsphilosophie von Marx und

Engels endete das Zeitalter der *Geschichtsphilosophie* als universalem Entwurf der Geschichte überhaupt. Seitdem wird vorwiegend von *Geschichtstheorie(n)* gesprochen (s. Kap. 3.2.4.), die anstelle des universalen Versuchs, die historische Welt in ihrem Wesen zu erklären, mit begrenzterem Anspruch nach dem Aufgabenbereich und dem methodischen Vorgehen der Geschichtswissenschaft fragt.

Inspiriert durch das Aufkommen von Soziologie und Ethnologie in der zweiten Hälfte des 19. Jahrhunderts entwickelten einige Historiker neue Geschichtstheorien, denen zufolge nicht mehr der ›Geist‹ oder die ›Ideen‹ als Subjekt bzw. Akteur der Geschichte deren Lauf bestimmten, sondern die *Gesellschaft* bzw. gesellschaftliche Gruppen. Zudem griff man die quantifizierenden Verfahren der Nachbarwissenschaften auf und wandte sich damit gegen die Betrachtung individueller Phänomene. Der Historiker Karl Lamprecht (1856–1915) entwickelte zum Beispiel eine Auffassung von Geschichte als *Kulturgeschichte*, in der er – vom Vorbild der Naturwissenschaften beeinflusst – nach sozialpsychologischen Gesetzmäßigkeiten in der Geschichte suchte.

Auch außerhalb Deutschlands entstanden neue Theorien über die Geschichte. Der Belgier Henri Pirenne (1862–1935) sowie die Franzosen Lucien Febvre (1878–1956) und Marc Bloch (1886–1944) stärkten eine Auffassung von historischer Arbeit, die vor allem auf quantifizierenden Verfahren aufbauen sollte. Wenn zu einem bestimmten Objekt, wie etwa der Besiedlungsdichte einer Stadt, über einen längeren Zeitraum Daten erhoben würden, könne man daraus langfristige Konjunkturen erkennen, die als Merkmal der Geschichte dienen könnten. Nach dem Namen der von Febvre und Bloch gegründeten Zeitschrift *Annales* bezeichnet man diese Historiker, ihre Schüler und ihre Auffassung als *Schule der Annales*.

Nach dem 2. Weltkrieg und der besonders in Deutschland geforderten Revision herkömmlicher Geschichtsbilder, denen man eine Wegbereiterrolle für Krieg und Faschismus vorwarf, wurden zahlreiche neue Geschichtsauffassungen entwickelt. In Nachfolge der »Schule der Annales« und in Anknüpfung an den Nationalökonomen Max Weber (1864–1920) wurden verschiedene Konzeptionen einer *Sozialgeschichte* vorgestellt, die auch als *Gesellschaftsgeschichte* oder *Historische Sozialwissenschaft* bezeichnet wurden und eng mit anderen Sozialwissenschaften (Soziologie, Politologie, Wirtschaftswissenschaften etc.) zusammenarbeiteten (*Prinzip der Interdisziplinarität*). Außerdem maß man der *Wirtschaftsgeschichte* und der *Technikgeschichte* große Bedeutung für die Erklärung der Industrialisierung seit dem 19. Jahrhundert und des wirtschaftlichen Booms der Nachkriegszeit zu. Da soziale und wirtschaftliche Entwicklungen den nationalen Rahmen häufig sprengen, verstärkte man ebenfalls die Beschäftigung mit der Geschichte anderer Länder und Nationen (*Prinzip der Internationalität*). Wenngleich der Schwerpunkt der Geschichtswissenschaft an deutschen Universitäten heute weiterhin auf der deutschen und europäischen Geschichte liegt, lassen sich doch Ansätze zu einer Globalisierung des Untersuchungsgebiets erkennen.

Iggers, Georg G.: Deutsche Geschichtswissenschaft. Eine Kritik der traditionellen Geschichtsauffassung von Herder bis zur Gegenwart. München 1971. [Nachdr. Wien (u. a.) 1997; engl. 1968.]
– Geschichtswissenschaft im 20. Jahrhundert. Göttingen ²1996. [Zuerst 1993.]
Jaeger, Friedrich / Rüsen, Jörn: Geschichte des Historismus. Eine Einführung. München 1992.
Raphael, Lutz: Geschichtswissenschaft im Zeitalter der Extreme. Theorie, Methoden, Tendenzen von 1900 bis zur Gegenwart. München 2003.
Schulze, Winfried: Deutsche Geschichtswissenschaft nach 1945. München 1993. [Zuerst 1989.]

3.2. Teilbereiche der Geschichtswissenschaft

Der ursprüngliche Anspruch, Geschichte als Universalgeschichte zu betreiben, trat in dieser Entwicklung immer mehr zurück. Dafür etablierten sich Subdisziplinen der Geschichtswissenschaft, nach denen heute häufig (universitäre) Institute, Lehrstühle und Forschungsschwerpunkte benannt sind. Man spricht von einer *epochalen*, einer *sektoralen* und einer *regionalen* (geographischen) Untergliederung der Geschichtswissenschaft.

Übergreifende Literatur zum Folgenden:

Cornelißen, Christoph (Hrsg.): Geschichtswissenschaften. Eine Einführung. Frankfurt a. M. 2000.

Eibach, Joachim / Lottes, Günther (Hrsg.): Kompaß Geschichtswissenschaft. Göttingen 2002.

Goertz, Hans-Jürgen (Hrsg.): Geschichte. Ein Grundkurs. Reinbek 1998.

Jordan, Stefan (Hrsg.): Lexikon Geschichtswissenschaft. Hundert Grundbegriffe. Stuttgart 2002 [u. ö.].

Maurer, Michael (Hrsg.): Aufriß der Historischen Wissenschaften. 7 Bde. Stuttgart 2001–05.

3.2.1. Epochal strukturierte Teilbereiche der Geschichtswissenschaft

Die traditionelle Unterteilung der Geschichtswissenschaft ist die in epochale Wissenschaftsbereiche. Sofern in der betreffenden Fakultät die Disziplinen Archäologie, Vor- oder Ur- und Frühgeschichte nicht angeboten werden, ist die epochale Disziplin, die am weitesten zeitlich zurückreicht, die Alte Geschichte (Geschichte des Altertums). Auf sie folgt die Mittelalterliche Geschichte (Mediävistik), danach die Geschichte der Neuzeit.

Die Disziplin *Alte Geschichte* umfasst üblicherweise die Erforschung der Zeit vom Beginn der griechischen Schriftlichkeit bis zur Auflösung des römischen Welt-

28   Geschichte als Wissenschaft

reichs. Sie ist im Wesentlichen auf die abendländische Antike und daher auf das heutige Europa, Teile Vorderasiens und Nordafrikas beschränkt. Sofern mehrere Professuren für Alte Geschichte in einer Fakultät vorhanden sind, teilen diese sich meist auf in Griechische Geschichte (von Homer bis zum Hellenismus) und Römische Geschichte (von der Gründung Roms bis zur Völkerwanderung).

Günther, Rosmarie: Einführung in das Studium der Alten Geschichte. Paderborn [u. a.] 2001.
Näf, Beat (Hrsg.): Geschichte der Antike. Ein multimedialer Grundkurs. Stuttgart 2004. [CD-ROM.]
Schuller, Wolfgang: Einführung in die Geschichte des Altertums. Stuttgart 1994.
Vollmer, Dankward: Alte Geschichte in Studium und Unterricht. Eine Einführung mit kommentiertem Literaturverzeichnis. Stuttgart 1994.

Zeitlich an die Alte Geschichte schließt sich die *Mittelalterliche Geschichte* an, die den Zeitraum bis etwa zur Reformation umfasst und in der Regel ebenfalls auf Europa begrenzt ist. Auch hier gibt es weitere zeitliche Unterteilungen, von denen die gebräuchlichste die in Frühes Mittelalter (etwa 800–1050), Hohes Mittelalter (etwa 1050–1300) und Spätes Mittelalter (etwa 1300–1500) ist.

Boockmann, Hartmut: Einführung in die Geschichte des Mittelalters. München ^{7}2001. [Zuerst 1978.]
Goetz, Hans-Werner: Proseminar Geschichte: Mittelalter. Stuttgart ^{2}2000. [Zuerst 1993.]
Heimann, Heinz-Dieter: Einführung in die Geschichte des Mittelalters. Stuttgart 1997.
Quirin, Heinz: Einführung in das Studium der mittelalterlichen Geschichte. Stuttgart ^{5}1991. [Zuerst 1950.]

Die Behandlung der Zeit vom Ende des Mittelalters bis zur Gegenwart ist das Aufgabengebiet der *Geschichte der Neuzeit*. Zu dieser Disziplin gibt es die meisten Professuren und kleinere zeitliche Unterteilungen. Als *Geschichte der Frühen Neuzeit* versteht man die Untersuchung des Zeitraums vom Ausgang des Mittelalters bis zur Französischen Revolution (1500–1800). Hieran schließt sich die *Neuere Geschichte* an, worunter im Kern das »lange 19. Jahrhundert« verstanden wird, jener Zeitraum also, der von 1789 bis zum Ende des 1. Weltkriegs dauerte. Begriffliche Überschneidungen gibt es bei den Disziplinen der *Neuesten Geschichte* und der *Zeitgeschichte*, die die Geschichte des 20. Jahrhunderts bis in unsere Tage behandeln.

Metzler, Gabriele: Einführung in das Studium der Zeitgeschichte. Stuttgart 2004.

Möller, Horst / Wengst, Udo (Hrsg.): Einführung in die Zeitgeschichte. München 2003.

Opgenoorth, Ernst: Einführung in das Studium der neueren Geschichte. Paderborn [u. a.] ⁶2001. [Zuerst 1969.]

Schulze, Winfried: Einführung in die Neuere Geschichte. Stuttgart ⁴2002. [Zuerst 1987.]

Völker-Rasor, Anette (Hrsg.): Frühe Neuzeit. München 2000.

3.2.2. Sektoral strukturierte Teilbereiche der Geschichtswissenschaft

Sektorale Geschichte wird über einen bestimmten Interessensgegenstand (Gesellschaft, Militär, Kultur, Geschlecht etc.) definiert. Im Unterschied zur Untergliederung der Geschichtswissenschaft nach einzelnen Epochen ist bei der sektoralen Struktur der Geschichtswissenschaft der zeitliche Horizont der Beschäftigung viel weiter: Während also derjenige, der zur Geschichte der Antike forscht, sich seinem Gegenstand mit sozial-, wirtschafts- oder kulturhistorischem Interesse nähern kann, aber nie deutlich über die Völkerwanderungszeit hinausarbeitet, wird der *Alltagshistoriker* möglicherweise die gesamte Geschichte in den Blick nehmen, aber aus ihr nur einige Interessensgegenstände herauspicken. Die Beschränkung auf einzelne Aspekte bei der Unterteilung der Geschichtswissenschaft nach sektoralen Gesichtspunkten geht häufig mit einer Konzentration auf bestimmte Quellen und Methoden einher: Vertreter einer traditionellen *Geistes-* und *Ideengeschichte* richten ihr Augenmerk mehr auf bedeutende gedruckte Werke als Vertreter der *Technikgeschichte*, die vielleicht eher Daten seriell auswerten. Die Überlegung, dass es nicht die Taten und Ereignisse sind, die das Denken der Menschen bestimmen, sondern dass es das Denken ist, aus dem die Taten und Ereignisse hervorgehen, ließ die Richtung der *Begriffsgeschichte* entstehen: Anhand der Bedeutungsänderungen, die bestimmte Begriffe im Lauf der Geschichte erfahren, versuchen Begriffshistoriker, den Wandel im Weltbild der Menschen zu bestimmen.

Bödeker, Hans-Erich (Hrsg.): Begriffsgeschichte – Diskursgeschichte – Metapherngeschichte. Göttingen 2002.
Landwehr, Achim: Geschichte des Sagbaren. Einführung in die historische Diskursanalyse. Tübingen 2001.
– / Stockhorst, Stefanie: Einführung in die Europäische Kulturgeschichte. Paderborn [u. a.] 2004.
Lüdtke, Alf (Hrsg.): Alltagsgeschichte. Zur Rekonstruktion historischer Erfahrungen und Lebensweisen. Frankfurt a. M. / New York ²2002. [Zuerst 1989.]
Nowosadtko, Jutta: Krieg, Gewalt, Ordnung. Einführung in die Militärgeschichte. Tübingen 2002.
Tanner, Jakob: Historische Anthropologie zur Einführung. Hamburg 2004.

Häufig ist die Etablierung sektoraler Bereiche historischer Forschung Folge von wissenschaftlichen Neuerungsbewegungen und daraus resultierenden wissenschaftspolitischen und politischen Auseinandersetzungen von Fachwissenschaftlern. Es wurde bereits darauf hingewiesen, dass die *Sozialgeschichte* – die Erforschung des Interessensgegenstands ›Gesellschaft‹ in seiner zeitlichen Erstreckung – in Deutschland in Abgrenzung zur politikorientierten Geschichtsauffassung des Historismus entstand. Sozialhistorisch arbeitende Historiker wie Gerhard A.

Ritter (geb. 1929), Hans-Ulrich Wehler (geb. 1931) und Jürgen Kocka (geb. 1941) traten seit Mitte der 1960er Jahre mit ihren Thesen der vorherrschenden Geschichtsauffassung entgegen und etablierten Sozial- bzw. Gesellschaftsgeschichte als eigenständigen historischen Bereich.

Kocka, Jürgen: Sozialgeschichte. Begriff – Entwicklung – Probleme. Göttingen ²1986. [Zuerst 1977.]
Nolte, Paul [u. a.] (Hrsg.): Perspektiven der Gesellschaftsgeschichte. München 2000.

In dem Maße, in dem die Sozialgeschichte selbst zum ›Establishment‹ wurde, traten wieder neue junge Historiker mit alternativen Geschichtskonzepten hervor: so etwa Alf Lüdtke (geb. 1943), der die *Alltagsgeschichte* in Deutschland stark machte, Hans Medick (geb. 1939), der als *Mikrohistoriker* sein Augenmerk auf die ›kleinen Räume‹ richtet, und Alexander von Plato (geb. 1942), der mit dem Mikrofon in der Hand *Oral History* betreibt. An den sektoralen Teildisziplinen der Geschichte spiegeln sich Trends der Forschung wider. Besonders deutlich wird dies am Beispiel der *Frauengeschichte*. Diese entstand vor dem Hintergrund verstärkter weiblicher Emanzipationsbewegungen seit den 1960er Jahren. Frühen Texten der Frauengeschichtsbewegung ist die Absicht, politisch befreiend zu wirken, daher deutlich anzumerken. Bald aber wurden die Beschränkung auf das biologische Geschlecht und auch der ideologische Rahmen, in dem die Frauengeschichte entstand, als zu eng angesehen. Der Begriff ›Frauengeschichte‹ wich seitdem immer mehr der *Geschlechtergeschichte*, die erstens in kritischerer Distanz zum Feminismus betrieben wird, zweitens die Körperlichkeit von Männern mit in die Betrachtung einbezieht und drittens ›Geschlecht‹ nicht als rein biologische, sondern auch als kulturell geformte Kategorie begreift. Ähnliches lässt sich in anderen Bereichen feststellen. Das »Institut zur Erforschung der europäischen Arbeiterbewegung« wurde 1980 mit deutlich außenpolitischem Bezug (»Kalter Krieg«; Gegengeschichte zum Historischen Materialismus) gegründet. Nach dem Ende des Ost-West-Gegensatzes wurde es 1999 in »Institut für soziale Bewegungen« umbenannt, in seiner Forschungsausrichtung damit erweitert und in seinem ursprünglichen Sinn ›entpolitisiert‹. Auffällig ist auch, dass viele Lehrstühle für *Wirtschaftsgeschichte*, die im Zeichen boomender Industrie seit den späten 1960er Jahren etabliert wurden, heute eher auf *Unternehmensgeschichte* ausgerichtet werden oder anderen Schwerpunkten, wie zum Beispiel *Historischer Anthropologie* oder *Neuer Kulturgeschichte*, weichen.

Berghoff, Hartmut: Moderne Unternehmensgeschichte. Eine themen- und theorieorientierte Einführung. Stuttgart 2004.

Boelcke, Willi A.: Wirtschafts- und Sozialgeschichte. Einführung – Bibliographie – Methoden – Problemfelder. Darmstadt 1987.

Burke, Peter: Eleganz und Haltung. Die Vielfalt der Kulturgeschichte. Berlin 1998. [Engl. 1997.]

Daniel, Ute: Kompendium Kulturgeschichte. Frankfurt a. M. ^{4}2004. [Zuerst 2001.]

Dülmen, Richard van: Historische Anthropologie. Entwicklung, Probleme, Aufgaben. Köln [u. a.] ^{2}2001. [Zuerst 2000.]

Hardtwig, Wolfgang / Wehler, Hans-Ulrich (Hrsg.): Kulturgeschichte heute. Göttingen 1996.

Hausen, Karin / Wunder, Heide (Hrsg.): Frauengeschichte – Geschlechtergeschichte. Frankfurt a. M. 1992.

Medick, Hans (Hrsg.): Geschlechtergeschichte und allgemeine Geschichte. Herausforderungen und Perspektiven. Göttingen 1998.

Pierenkemper, Toni: Unternehmensgeschichte. Eine Einführung in ihre Methoden und Ergebnisse. Stuttgart 2000.

Raulff, Ulrich (Hrsg.): Mentalitäten-Geschichte. Berlin 1987.

Schlumbohm, Jürgen (Hrsg.): Mikrogeschichte – Makrogeschichte: komplementär oder inkommensurabel? Göttingen ^{2}2000. [Zuerst 1998.]

Schulze, Winfried: Sozialgeschichte, Alltagsgeschichte, Mikro-Historie. Eine Diskussion. Göttingen 1994.

Walter, Rolf: Einführung in die Wirtschafts- und Sozialgeschichte. Paderborn [u. a.] 1994.

3.2.3. Regional (geographisch) strukturierte Teilbereiche der Geschichtswissenschaft

Eine Aufteilung der Geschichtswissenschaft nach Räumen ist auf verschiedenen Ebenen anzutreffen: So kann man zunächst die Geschichte ganzer Kontinente (*Geschichte Nordamerikas, Afrikanische Geschichte* etc.) und Teilkontinente (*Geschichte Südeuropas, Südosteuropas, Ostasiens* etc.) finden. Verbreiteter ist die Geschichte einzelner Länder bzw. Nationen, wobei die meisten Professoren schwerpunktmäßig Deutsche Geschichte betreiben, auch wenn ihre Stellenbezeichnung (z. B. Geschichte der Neuzeit) das auf den ersten Blick nicht erkennen lässt. Seltener dagegen findet man einen Lehrstuhl, der auf die Geschichte einzelner nichtdeutscher Länder bzw. Nationen (z. B. Geschichte Großbritanniens) spezialisiert ist; in der deutschen Geschichtswissenschaft kaum gelehrt wird über die Geschichte von Staaten in Afrika, Südamerika und zum Teil auch Asien.

Allgemeine Literatur zum Folgenden:
Maurer, Michael (Hrsg.): Aufriß der Historischen Wissenschaften. Bd. 2: Räume. Stuttgart 2001.

Verstärktes Interesse dagegen findet die *Landesgeschichte* bzw. *Geschichtliche Landeskunde*. In Bundesländern, die als Folge der politischen Neuordnung nach dem 2. Weltkrieg entstanden (z. B. Rheinland-Pfalz) oder die schon zuvor aus mehreren Gebieten zusammengesetzt waren (Bayern), wird Landesgeschichte nicht (nur) auf der Ebene des heutigen Bundeslands, sondern (auch) auf der Ebene historischer Territorien betrieben (z. B. Institut für pfälzische Geschichte und Volkskunde, Kaiserslautern; Institut für Fränkische Landesforschung, Erlangen). Selten an den Universitäten vertreten ist die *Regionalgeschichte*, noch weniger zu finden ist die *Lokalgeschichte*. Diese beiden Bereiche werden häufig von Geschichtsvereinen (z. B. *Geschichtswerkstätten*) betrieben oder in der *Volkskunde* aufgefangen, einer Nachbardisziplin der Geschichtswissenschaft, die eine Mischung aus dieser, der Ethnologie und der Archäologie darstellt.

Brednich, Rolf Wilhelm / Scharfe, Martin (Hrsg.): Das Studium der Volkskunde am Ende des Jahrhunderts. Göttingen 1996.
Hauptmeyer, Carl-Hans (Hrsg.): Landesgeschichte heute. Göttingen 1987.

Geographisch strukturierte Bereiche der Geschichtswissenschaft können – wie die epochal strukturierten Bereiche – unterschiedliche methodische Ansätze verfolgen (Kultur-, Geistes-, Sozialgeschichte etc.); sie haben wie sektoral strukturierte Bereiche die Möglichkeit Epochen übergreifenden Arbeitens. Regional strukturierte Geschichtswissenschaft kann ebenfalls Spiegel politischer Entscheidungen sein: Die Vielzahl an Lehrstühlen für osteuropäische Geschichte (West) bzw. für die Geschichte der Sowjetunion (Ost), die nach 1945 in Deutschland eingerichtet wurden, geht immer mehr zurück; angesichts des stärker werdenden Nord-Süd-Gefälles und der religiös-fundamentalistischen Auseinandersetzungen sind dafür Neuetablierungen von Forschungsschwerpunkten und Lehrstühlen im Bereich der Geschichte des Mittleren Ostens, Asiens oder Afrikas zu erwarten.

Harding, Leonhard: Einführung in das Studium der afrikanischen Geschichte. Münster ²1994. [Zuerst 1992.]
Schüller, Karin: Einführung in das Studium der iberischen und lateinamerikanischen Geschichte. Münster 2000.
Torke, Hans-Joachim: Einführung in die Geschichte Rußlands. München 1997.

3.2.4. Weitere Teilbereiche der Geschichtswissenschaft

Über die genannten Teilgebiete der Geschichtswissenschaft hinaus existiert an fast jeder deutschen Universität ein Lehrstuhl oder eine andere Lehrstelle für *Didaktik der Geschichte*. Dies hängt vor allem damit zusammen, dass Geschichte ein Lehrfach der Schule ist. Die Geschichtsdidaktik hat die Aufgabe, auf die Lehre der Geschichte vorzubereiten. Sie tut dies u. a., indem sie Vermittlungsstrategien von Geschichte erörtert, Formen der Geschichtsschreibung diskutiert und Geschichte als Gegenstand politisch-gesellschaftlicher Erziehung ausweist. Geschichtsdidaktik ist aber nicht nur auf die Schule beschränkt, sondern leistet Beiträge auch für Museen, für historische Bildung in Tagungsstätten, in den Medien, in Gedenkstätten, bei Stadtrundgängen – kurzum: für alle Bereiche öffentlichen Lebens, in denen ›Geschichte‹ zum Thema wird.

Bergmann, Klaus [u. a.] (Hrsg.): Handbuch der Geschichtsdidaktik. Seelze-Velber ⁵1997. [Zuerst 1978.]
Borsdorf, Ulrich / Grütter, Heinrich Theodor (Hrsg.): Orte der Erinnerung. Denkmal, Gedenkstätte, Museum. Frankfurt a. M. [u. a.] 1999.
Gies, Horst: Geschichtsunterricht. Ein Handbuch zur Unterrichtsplanung. Köln [u. a.] 2004.
Huhn, Jochen: Geschichtsdidaktik. Eine Einführung. Köln [u. a.] 1994.
Kuhn, Annette: Einführung in die Didaktik der Geschichte. München ³1980. [Zuerst 1974.]
Süssmuth, Hans: Geschichtsdidaktik. Eine Einführung in Aufgaben und Arbeitsfelder. Göttingen 1980.

Neben diesem häufig anzutreffenden Bereich fällt das weitgehende Fehlen von Professuren zur *Theorie der Geschichte* und *Methodologie der Geschichte* auf. Beide Bereiche haben die Aufgabe, die Grundlagen von Geschichte zu erörtern, indem sie die Fragen stellen: »Was ist Geschichte?« und »Wie betreibt man wissenschaftliche Geschichtsforschung?«.

Hallett Carr, Edward: Was ist Geschichte? Stuttgart ⁶1981. [Zuerst 1963; engl. 1961.]

Evans, Richard J.: Fakten und Fiktionen. Über die Grundlagen historischer Erkenntnis. Frankfurt a. M. / New York 1998. [Engl. 1997.]
Goertz, Hans-Jürgen: Umgang mit Geschichte. Eine Einführung in die Geschichtstheorie. Reinbek 1995.
Jordan, Stefan (Hrsg.): Lexikon Geschichtswissenschaft. Hundert Grundbegriffe. Stuttgart 2002 [u. ö.].
Küttler, Wolfgang [u. a.] (Hrsg.): Geschichtsdiskurs. 5 Bde. Frankfurt a. M. 1993–99.
Lorenz, Chris: Konstruktion der Vergangenheit. Eine Einführung in die Geschichtstheorie. Köln [u. a.] 1997.
Rüsen, Jörn: Grundzüge einer Historik. 3 Bde. Göttingen 1983–89.
Theorie der Geschichte. Beiträge zur Historik. Hrsg. von der Studiengruppe »Theorie der Geschichte«. Werner-Reimers-Stiftung, Bad Homburg. 6 Bde. München 1972–90.

Ebenfalls selten anzutreffen ist der Bereich der *Historischen Hilfswissenschaften*. Hierunter versteht man vor allem die Disziplinen der *Paläographie* (Lehre von den alten Schriften), *Numismatik* (Münzkunde), *Sphragistik* (Siegelkunde), *Diplomatik* (Urkundenlehre), *Heraldik* (Wappenkunde), *Genealogie* (Familien- bzw. Geschlechterforschung) und *Chronologie* (Lehre von der Zeitabfolge und Zeitmessung).

Brandt, Ahasver von: Werkzeug des Historikers. Eine Einführung in die Historischen Hilfswissenschaften. Stuttgart [u. a.] [16]2003. [Zuerst 1958.]

Einige historisch verfahrende Disziplinen sind nicht im Fachbereich Geschichtswissenschaft angesiedelt. Wer etwas über die *Literaturgeschichte* erfahren möchte, muss sich an die Literaturwissenschaftler wenden, wen die *Rechtsgeschichte* interessiert, sollte zu den Juristen gehen, die *Geschichte der Medizin* wird von Medizinern betrieben usw.

3.3. Geschichte als Gegenstand der Geschichtswissenschaft

Die Geschichtswissenschaft und all ihre Teilbereiche handeln von ›der Geschichte‹. Was das ist, scheint zunächst ganz klar. Wenn man Menschen, die sich nicht professionell mit ›Geschichte‹ beschäftigen, fragt, was ›Geschichte‹ sei, bekommt man häufig ganz bestimmte Ansichten. Geschichte, so hört man dann, sei das, was einmal gewesen ist: Das alte Ägypten mit Kleopatra, das antike Griechenland mit seinen Philosophen und der Akropolis, das Rom Cäsars und Augustus', dann dessen Untergang und die Zeit des ›finsteren Mittelalters‹, schließlich die Entstehung der modernen Welt mit Gutenbergs Erfindung der Druckerpresse, der Entdeckung Amerikas durch Kolumbus sowie mit Martin Luther und der Reformation. Als Geschichte wird auch die neuere Zeit bezeichnet, über die scheinbar noch mehr Wissen vorherrscht: Friedrich der Große, die Zaren Peter und Katharina, Maria Theresia, Napoleon, Bismarck, Hitler und Adenauer, vielleicht noch Willy Brandt und sogar Helmut Kohl als ›Einheitskanzler‹ gelten als große Personen der Geschichte. Außerdem gehören zu ihr einschneidende Ereignisse wie Kriege, Revolutionen und Staatsgründungen.

Das ist alles nicht falsch und wurde lange Zeit (im Historismus) auch als eigentlicher Inhalt der ›Geschichte‹ angesehen. Im Zeichen der eben erwähnten verschiedenen Strömungen der Geschichtswissenschaft kann ein solcher Geschichtsbegriff aber nicht mehr befriedigen. Was ist eigentlich ›Geschichte‹?

3.3.1. Was ist ›Geschichte‹?

Der Begriff ›Geschichte‹ hat eine lange Geschichte. Das deutsche Wort stammt vom althochdeutschen *giscilit*, worunter die Schilderung eines fiktiven oder realen Ereignisses oder einer Handlung verstanden wurde. Das Synonym von ›Geschichte‹ – *Historie* – kommt aus dem Griechisch-Lateinischen ([h]*istoria*): Es bezeichnet mit den Worten Ciceros (106–43 v. Chr.) einerseits die *res gestae* (vollbrachte Taten und geschehene Ereignisse) unmittelbar; und andererseits als *historia rerum gestarum* (als Geschichte von den vollbrachten Taten) die Erzählung hiervon. Obwohl es ›Geschichte‹ mit Vergangenem zu tun hat, ist sie doch nicht dasselbe wie ›Vergangenheit‹. Denn was endgültig vergangen ist, davon können wir nichts mehr wissen; wenn wir aber etwas zu einer Geschichte verarbeiten können, dann wissen wir noch davon; es kann also nicht vergangen sein.

›Geschichte‹ geht auch nicht in den Ereignissen, Personen und Handlungen früherer Zeiten auf. Sie ist eine (Re-)Konstruktion, also etwas Gemachtes. Das Machen der Geschichte ist das Erzählen. Dies gilt für fiktive Geschichten (Belletristik, Märchen, Legenden etc.) genauso wie für solche, die sich um *Faktizität* bemühen. Letztere ist die Voraussetzung für den Begriff ›Geschichte‹ in der Geschichtswissenschaft. Das Erzählen von ›wirklichen‹ Gegebenheiten der Vergangenheit als Geschichte ist immer ein Akt der Gegenwart; jede jeweilige Gegenwart deutet die Vergangenheit aus ihrem Blickwinkel. Deshalb sieht die *Römische Geschichte* (4 Bde., Berlin 1854–85), die Theodor Mommsen (1817–1903) schrieb, ganz anders aus als Suetons (um 69–140) *Leben der Cäsaren* und als Jochen Bleickens (geb. 1926) *Geschichte der Römischen Republik* (München ⁵1999 [Zuerst 1980]). Aber auch zeitgenössische Geschichtswissenschaft hat häufig unterschiedliche Ansichten und Ergebnisse. Geschichtswissenschaft ist nämlich immer von einem *Standpunkt*, einer *Perspektive* abhängig.

»Wissenschaftlich aber überholt zu werden, ist – es sei wiederholt – nicht nur unser aller Schicksal, sondern unser aller Zweck«, schrieb Max Weber (1864–1920) 1919 in seinem Vortrag *Wissenschaft als Beruf* (Abdruck in: M. W., *Gesammelte Aufsätze zur Wissenschaftslehre*, Tübingen ⁷1988 [zuerst 1919], S. 582–613, hier S. 592). Wozu ist Geschichtswissenschaft aber dann überhaupt gut, wenn ihre Ergebnisse immer von bestimmten Sichtweisen abhängig sind? Wozu sollte man Geschichtswissenschaft studieren, wenn ihre Ergebnisse nie ›für alle‹ gelten, umstritten sind und veralten? Hierzu gibt es eine Reihe von Antworten, die es sich näher anzuschauen lohnt.

3.3.1.1. Geschichte als ›Lehrmeisterin des Lebens‹

Historia magistra vitae – »Die Geschichte ist die Lehrmeisterin des Lebens« – heißt es bei Cicero. Die Vorstellung, dass man aus der Geschichte lernen könne, ist ein weit verbreiteter Gemeinplatz. Hinter ihm steht die Hoffnung, aus den Erfolgen und Misserfolgen, dem Handeln und Leiden unserer Vorfahren Schlüsse ziehen zu können, die die Menschen der Gegenwart vor Fehlern schützen. Anders als im allgemeinen Verständnis ist der Topos von der Geschichte als Lehrmeisterin in der Fachdisziplin ›Geschichtswissenschaft‹ umstritten. ›Lernen‹ ist immer ein mit moralischem Druck versehener Prozess sozialer Vermittlung: Wenn Brutus 44 v. Chr. Cäsar umbringt, so lernen wir daraus, dass verdiente Staatsleute besser vor Terroristen mit niederen Motiven geschützt werden sollten. Oder lernen wir daraus, dass es Situationen gibt, in denen blutiger Kampf gegen den Diktator unvermeidlich und gerecht ist? Lernen lässt sich aus der Geschichte nichts, zumindest nicht für ›das Leben‹. Denn das, was gelernt werden soll, ist ausschließlich abhängig von den ethischen Überzeugungen der Lehrer. Der Topos, die Geschichte sei die Lehrmeisterin des Lebens, heißt nichts anderes, als dass sich geschichtliche Ereignisse und Handlungen für politisch-moralische Ziele funktionalisieren lassen. Der Antwortvorschlag, dass die Geschichte lehren könne, ist nicht geeignet, die Frage zu lösen, warum man Geschichtswissenschaft betreiben soll.

Koselleck, Reinhart: Historia magistra vitae. Über die Auflösung des Topos im Horizont neuzeitlich bewegter Geschichte. In: R. K.: Vergangene Zukunft. Zur Semantik geschichtlicher Zeiten. Frankfurt a. M. 1979. S. 38–66.
Repgen, Konrad: Vom Nutzen der Historie. In: Wozu Historie heute? Hrsg. von Amalie Fössel und Christoph Kampmann. Köln [u. a.] 1996. S. 167–183.

3.3.1.2. Geschichte als Identitätsbildung

Das 20. Jahrhundert ist auch als Jahrhundert der Psychologie bezeichnet worden. Deren Grundzug besteht – sehr vereinfachend gesprochen – darin, psychische und physische Zustände des Individuums durch Bewusstmachung der ihnen zugrunde liegenden psychischen Ursachen zu erklären und so beeinflussbar zu machen. Die Psychologie baut dabei auf einem Menschenbild auf, das man als typisch für die moderne westliche Welt ansehen könnte und das auch Ausdruck in der Literatur gefunden hat: Im Bildungsroman (z. B. Goethes *Wilhelm Meister*) wird die Entwicklung eines Menschen beschrieben, dessen Anlagen sich im Lauf seines Lebens entfalten und dessen Bildung ihn stets voranbringt. Kurz gesagt: Der Mensch entwickelt sich nach der Theorie der klassischen Psychologie und des Bildungsromans in einer bestimmten Weise, weil er zuvor bestimmte Handlungen und Erlebnisse durchlebt hat; das, was der Mensch ist – seine Identität –, ist historisch, ist geworden. Ähnliches lässt sich auch für die Geschichte sagen – sowohl in Bezug auf den einzelnen Menschen als auch in Hinsicht auf gesellschaftliche Gruppen und ganze Gesellschaften.

Wir begründen einen Teil unserer Identität mit historischem Wissen (oder auch mit Legenden, die wir für historisches Wissen halten). Wenn bei Trachtenumzügen ›volkstümliche‹ Kleidung getragen wird, dann ist dies eine Form, in der sich die Teilnehmer ihrer Geschichte und so ihrer selbst versichern. Sie zeigen damit, was sie sind, nämlich einer bestimmten Region, bestimmten Sitten und Gebräuchen, kurz: einer bestimmten *Tradition* verhaftet. Viele dieser Traditionen gründen tatsächlich nicht in einer langen Geschichte. Auch wenn etwa die Träger von Trachten häufig anderes denken und behaupten: Trachtenkleidung ist eine Erfindung des 19. Jahrhunderts. In diesem Fall handelt es sich, um einen Begriff des britischen Historikers Eric Hobsbawm (geb. 1917) zu benutzen, um eine *invented tradition*, eine erfundene Tradition (Eric Hobsbawm, *The Invention of Tradition*, Cambridge ¹⁰2003 [Zuerst 1983]). Dass diese Tradition ausgerechnet im 19. Jahrhundert erfunden wurde, in dem sich auch die moderne Geschichtswissenschaft herausbildete, ist kein Zufall. Der Versuch, Identitäten über den Rückbezug auf eine tatsächliche oder vermeintliche Geschichte zu schaffen, ist ein Kernstück historischen Denkens.

Mit ihrer identitätsbildenden Wirkung kann der Geschichtsbezug eminente soziale und auch politische Bedeutung entfalten. Jedes Jubiläum, jedes Denk- oder Mahnmal, das an etwas erinnert, jedes Familienfoto und Bild von historischen Ereignissen kann das Selbstgefühl des Einzelnen genauso stärken wie das Selbst- und Zusammengehörigkeitsgefühl von Gruppen. Dies ist nicht zuletzt der Grund, warum ›Geschichte‹ als Schulfach betrieben wird, in dem Kindern und Jugendlichen von klein auf Identität vermittelt werden soll. *Zukunft braucht Herkunft* (Stuttgart 2003) lautet der sprechende Titel einer Aufsatzsammlung des Geschichtsphilosophen Odo Marquard (geb. 1928). Friedrich Schlegel (1772–1829) und Walter Benjamin (1892–1940) haben den Historiker als

»rückwärtsgewandten bzw. rückwärtsgekehrten Propheten« charakterisiert: Er deutet die Gegenwart aus ihrer Gewordenheit, das Sein als Geworden-Sein. Der Sinn der Geschichtswissenschaft liegt also nicht darin, ewige Wahrheiten zu schaffen, sondern das Verständnis der Gegenwart aus den spezifischen Bedingungen und Anforderungen (Perspektiven) der Gegenwart zu verbessern.

Reinisch, Leonhard (Hrsg.): Der Sinn der Geschichte. München ⁵1974. [Zuerst 1961.]
Müller, Klaus E. / Rüsen, Jörn (Hrsg.): Historische Sinnbildung. Problemstellungen, Zeitkonzepte, Wahrnehmungshorizonte, Darstellungsstrategien. Reinbek 1997.
Rüsen, Jörn: Zerbrechende Zeit. Über den Sinn der Geschichte. Köln [u. a.] 2001.
– Kann gestern besser werden? Essays zum Bedenken der Geschichte. Berlin 2003.
Vossler, Otto: Geschichte als Sinn. Frankfurt a. M. 1979.

3.3.1.3. Geschichte als politisches Verhalten

Geschichte ist standortabhängig; sie ist also Folge politischer Orientierung. Zugleich übt sie Einfluss auf das Gegenwartsverständnis aus; sie ist dementsprechend auch Ursache für politische Orientierung. Als politisch bedingt folgt der Umgang mit Geschichte häufig ideologischen Vorgaben. Auf dem Höhepunkt des Kalten Kriegs entstand in der Geschichtswissenschaft eine große Debatte um *Parteilichkeit* und *Objektivität*. Einerseits betonten Wissenschaftler aus sozialistischen Volksdemokratien, dass mit dem Marx-Engels'schen Geschichtsmodell und der Theorie des Historischen Materialismus die Grundzüge der Geschichtsentwicklung entdeckt worden seien und nun nur beschrieben werden müssten, indem der Historiker Partei für den Forschritt der Geschichte ergreifen und auf ihn hinwirken müsse. Andererseits machten Historiker aus westlichen Ländern einen Pluralismus von Auffassungen und Perspektiven geltend, der auf die Geschichtswissenschaft angewandt werden könne und solle. Durch die Darlegung des je eigenen Standpunkts und durch methodenregulierte Objektivität der Forschung führe dieser Pluralismus zu fruchtbaren Diskussionen.

Seit dem Zerfall des Ostblocks und der Transformation seiner Staaten nach dem Vorbild westlicher Demokratien führen Historischer Materialismus und Parteilichkeitsdenken in der Geschichtswissenschaft nur noch ein Nischendasein. Man mag darüber froh sein, wurde doch diese Geschichtsauffassung zur Legitimation eines totalitären Regimes funktionalisiert. Andererseits bietet der Historische Materialismus eine Sichtweise, die ganz anders ist, als die heute üblichen Theorien der Geschichte es sind. Da er sich zudem problemlos als eine unter anderen Auffassungen in ein demokratisch verfasstes Spektrum unterschiedlicher Geschichtsauffassungen integrieren lässt, ist eine Verdammung des Historischen Materialismus, wie sie von einigen konservativen Historikern betrieben wird, ein Schritt zu einer unnötigen Verengung des Nachdenkens über die Geschichte. Das Marx'sche Geschichtsmodell und der Historische Materialismus können auch für denjenigen interessant sein und ihm Denkanstöße vermitteln, der kein Kommunist ist.

Kennzeichen pluralistisch verfasster Geschichtsdiskurse ist, dass das angestrebte Geschichtsbild objektiv sein soll. Objektivität ist hierbei immer verbunden mit *Intersubjektivität*. Es geht darum, vom jeweiligen Standpunkt aus ein Bild von der Geschichte und ihrer Bedeutung für die Gegenwart zu entwickeln und darzustellen. Damit dieses Geschichtsbild nicht als rein subjektiv und beliebig erscheint, muss der Historiker zum einen darlegen, mit welchem spezifischen Interesse er seine Forschungen betreibt. Zum anderen muss er gewisse Forschungsstandards beachten, die den Nachvollzug seiner Vorgehensweise und seiner Ergebnisermittlung gewährleisten. Geschichtsforschung in diesem Sinne ist erstens methodisch geregelt, basiert zweitens auf Quellen (Wirklichkeitsbezug) und ist drittens falsifizierbar, das heißt, sie ist in Diskussionen mit andersartigen Untersuchungen und Auffassungen umstritten. Die strenge Verpflichtung auf diesen Kanon methodischer Vorschriften ist auch für die politischen Dimensionen des historischen Diskurses von Bedeutung: Die so genannte »Auschwitz-Lüge« – die Leugnung der Existenz von Konzentrationslagern bzw. der Vernichtung von Juden während des Nationalsozialismus – kann deshalb mit Recht als Lüge bezeichnet und juristisch verfolgt werden, weil sie die Prinzipien geschichtswissenschaftlicher Arbeit missachtet.

In der Möglichkeit, Identitäten, historischen Sinn und politische Meinung zu bilden, liegt eine Herausforderung an die Geschichtswissenschaft. Einerseits darf sie sich nicht funktionalisieren lassen; Geschichtswissenschaft ist keine Politikberatung. Andererseits darf sie auch nicht Wissenschaft im Elfenbeinturm sein; Geschichtswissenschaft übernimmt eine eminente soziale Orientierungsfunktion. Geschichtswissenschaft vermittelt *Zwischen Wissenschaftsanspruch und Orientierungsbedürfnis* (Frankfurt a. M. 1991), so der Titel einer Aufsatzsammlung zur Geschichtsphilosophie von Gunter Scholtz (geb. 1941). Ins Zentrum der Geschichtswissenschaft als einer ›Wissenschaft für Menschen‹ rückt damit die *Frage nach der Relevanz*. Historisch Arbeitende müssen, nicht nur für sich selbst, für Fachkollegen und Kommilitonen, sondern zugleich für ein Publikum schreiben. Das gilt auch für solche Arbeiten, die nicht publiziert werden (z. B. Seminararbeiten). Hinter der Frage nach der Relevanz (s. hierzu ausführlicher Kap. 6.1.1.) steht nämlich nicht nur das Bemühen, andere Personen von der Bedeutung des jeweiligen Themas zu überzeugen, das besonders beim Umgang mit Geschichte in Bildungsinstitutionen an Gewicht gewinnt. Vielmehr spiegelt sich in der Relevanzfrage auch eine bestimmte Haltung des

Autors zu seinem Gegenstand und seinem Text. Wird ›Geschichte‹ um ihrer selbst willen betrieben, dann kann sie nicht auf öffentliche Akzeptanz hoffen; die Bereitschaft historisch-akademische Einrichtungen zu finanzieren, nimmt ab; die Besucherzahlen bei Ausstellungen, die nur Fachleute interessieren, sinken; der schulische Geschichtsunterricht wird zur Pflichtveranstaltung. Wird ›Geschichte‹ als Beitrag zu einer in weitem Sinn politischen, öffentlichen Kommunikation verstanden, kann sie interessieren, vielleicht sogar begeistern – und zwar sowohl das Publikum als auch den Historiker selbst.

3.3.2. Geschichte und Beruf

Es existieren also gute Gründe, Geschichte zu studieren. Dennoch gibt es kaum Studierende, die keine ›Sinnkrisen‹ während ihres Studiums erleiden. Schuld daran ist häufig die Angst, was ›danach‹ kommen wird und wozu das Geschichtsstudium überhaupt gut sein soll. Diese Angst wird oft noch durch ein soziales Umfeld angeheizt, das wenig Verständnis für die ›brotlosen‹ Künste des Historikers aufbringt und stattdessen Studiengänge empfiehlt, die auf breitere, krisensichere Arbeitsmarktlagen zuführen und besser bezahlte Jobs versprechen. Um den Ängsten und ›gut gemeinten Ratschlägen‹ zu begegnen, ist es sinnvoll, sich rechtzeitig ein paar Gedanken über die Einstellung zu Studium und Beruf zu machen.

Historiker sind Alleskönner: Zu dieser Auffassung kann man gelangen, wenn man sich anschaut, in welche Berufe Geschichtsstudierende nach ihrem Abschluss wechseln. Neben der Schule, akademischen und kulturellen Einrichtungen sind es vor allem die Medien, Verlage und der Bereich der Öffentlichkeitsarbeit, in dem Historiker unterkommen. Auch bei Unternehmensberatungen, in Verwaltungen und Werbeagenturen sind sie anzutreffen.

Mitunter werden sie sogar Bundeskanzler, wie Helmut Kohl. Ganz so ›brotlos‹ ist das historische Handwerk also nicht. Gleichwohl gibt es ohne Zweifel (wie in anderen Berufszweigen auch) Einstellungsprobleme; viele Bereiche, in denen Historiker tätig sind, sind öffentlich finanziert und von starken Sparzwängen betroffen. Ähnliches gilt für die Stellen von Lehrern an Schulen. Wer daher ein Lehramtsstudium aufnimmt, sollte dies mit der klaren Zielsetzung ›Schule‹ betreiben. Gleichzeitig sollte er sich aber auch Gedanken machen für den Fall, dass er nicht an einer staatlichen Schule eingestellt werden kann. Welche Alternativen gibt es bei Privatschulen? Wie sieht es im Bereich der Erwachsenenbildung und -weiterbildung aus? Welche Ausbildung ist zur Zeit am ehesten gefragt (Primar-, Sekundarstufe I und II)? Welche Fächerkombinationen bzw. Zusatzqualifikationen erhöhen die Chancen auf eine Einstellung?

Berufsplanung ist ein fester Bestandteil des Studiums. Dies gilt in noch stärkerem Maß für Studierende, die den BA- oder MA-Abschluss anstreben. Galt Letzterer nach der Bildungsreform in den 1960er und 1970er Jahren im Gegensatz zum Lehramtsstudium als erster Schritt in die akademische Berufswelt, so ist es heute nur noch eine verschwindende Minderheit von Studierenden, die an der Universität einen Job findet. Diese Karriere ist im Übrigen kaum planbar, sondern hängt stark von fachlichen Erfolgen, Sympathien bei Betreuern sowie frei werdenden Stellen und Finanzmitteln ab.

Kreativität ist gefragt bei der Berufsplanung im Geschichtsstudium. Zunächst einmal gilt es, die Angebote der Universität wahrzunehmen. Werden hier praktische Übungen angeboten, die Einblicke in Arbeitsfelder für Historiker vermitteln, so schadet es nicht, in unterschiedliche Jobs einmal hineinzuschnuppern, um Ideen zu entwickeln, was zu einem passen könnte. Da für viele Berufe Mehrsprachigkeit erwünscht ist, sind auch Sprachkurse empfehlenswert. In den philologischen Fachbereichen werden oft Grundlagenkurse angeboten, in denen (ziemlich arbeitsintensiv) mehrere Semester lang Sprach- und Schreibfähigkeiten in Fremdsprachen vermittelt werden; an historischen Fakultäten gibt es manchmal kürzere, weniger intensive Veranstaltungen, die darauf abgestellt sind, ein erstes Leseverständnis zu verschaffen. Hier gilt es, nach Angebot und Zeitbudget zu entscheiden. Außerdem gibt es an fast jeder Universität Ergänzungs- und Zusatzstudiengänge, die studienbegleitend oder nach dem Abschluss des Geschichtsstudiums aufgenommen werden. Für Studierende, die im Anschluss an ihren Studienabschluss in privatwirtschaftliche Unternehmen einzutreten planen, gibt es zum Beispiel Programme, die ökonomische und juristische Kenntnisse vermitteln. Wer sich sich eine Zukunft im Ausland vorstellen kann, der wird ein breites Spektrum an Aufbaustudien finden, die auf Zusatzqualifikationen in den Bereichen Kultur, Wirtschaft, Recht und Politik im internationalen Vergleich ausgerichtet sind. Als weitere Perspektive bietet sich für Historiker zudem ein zweites Studium als Archivar oder Bibliothekar an, wofür ein erster, wissenschaftlicher Studienabschluss Voraussetzung ist (zumindest für eine spätere Anstellung im höheren Dienst).

Auch außerhalb der Universität finden sich Möglichkeiten der studienbegleitenden Qualifikation. Viele ehemalige Geschichtsstudenten setzen nach ihrem Beruf die Tätigkeit in einem Unternehmen lediglich fort, in das sie zuvor zur Finanzierung ihres Lebensunterhalts oder über ein interessebedingtes Praktikum oder Ähnliches ›hineingerutscht‹ waren. Berufsorientiertes Studieren ist daher nicht unbedingt mit zielstrebigem Studieren gleichzusetzen. Oft ist es günstiger, ein oder zwei Semester länger für das Studium zu benötigen und dafür Praktika, Fremdsprachenkenntnisse oder wertvolle Auslandsaufenthalte nachweisen zu können. Damit wird vom heutigen Geschichtsstudierenden eine etwas schizophrene Einstellung verlangt: Auf der einen Seite gilt es, das Studium möglichst schnell zu absolvieren; auf der anderen Seite werden die Neben- und Zusatzaktivitäten immer entscheidender für den Einstieg in die Berufswelt. Für den Weg zwischen diesen beiden Polen hindurch lassen sich kaum Patentrezepte empfehlen. Gleichwohl sollte nie aus den Augen verloren werden, dass das Studium schon ›an sich‹ Wert besitzt. Studieren ist – auch wenn das von vielen ökonomisch orientierten Menschen heute anders gesehen wird – traditionell keine Berufsausbildung, sondern eine Phase der Bildung, und das heißt: der Arbeit an seiner eigenen Persönlichkeit ebenso wie an den eigenen Fähigkeiten und Wissensbeständen. Dies ist keineswegs ›esoterisch‹ zu verstehen, denn bei vielen Berufen, in die Historiker eintreten, kommt es auf Repräsentation, Auftreten, Formulierungsvermögen, Selbstbewusstsein, Eigenständigkeit, Teamfähigkeit und gegebenenfalls auch Führungskompetenz an. Diese Fähigkeiten werden zu einem Großteil während des Studiums erworben.

Kirch, Sibylle / Scheda, Irene: Auf Umwegen zum Erfolg. Akademiker jenseits der klassischen Karriere. Berlin 2002.
Rühl, Margot: Berufe für Historiker. Darmstadt 2004.

4. Das historische Material

Die Geschichtswissenschaft ist nicht wie andere Wissenschaften auf einen bestimmten Gegenstand eingegrenzt. Prinzipiell kann ›alles‹ als Beleg für die historische Forschung herangezogen werden. Man trennt dabei nur die so genannten *Quellen* von den so genannten *sekundären Materialien*. Für die Unterscheidung zwischen Quellen und sekundären Materialien ist weder das Kriterium der Schriftlichkeit noch das des Alters ausschlaggebend. Texte können zu den Quellen wie zu sekundären Mitteln gehören, ebenso Filme oder Radiofeatures. Entscheidend ist vielmehr das Kriterium der erforschten Zeit. Entstammen historische Materialien der Zeitstufe, die wir erforschen wollen, dann handelt es sich um Quellen. Sind sie später entstanden, dann zählen sie zu den sekundären Materialien. Erforschen wir zum Beispiel die Geschichte des 1. Weltkriegs, dann sind alle Materialien, die im Zeitraum um 1914–18 entstanden, Quellen. Eine wissenschaftliche Darstellung des Kriegs oder ein Film, die vielleicht zwanzig Jahre später angefertigt wurden, sind zwar ebenfalls alt; in Bezug auf unser Thema gehören sie aber zu den sekundären Materialien, da sie bereits den Blickwinkel ›ex post‹, also aus der Sicht des Nachhinein, einnehmen. In manchen Fällen ist die saubere Trennung zwischen Quellen und Literatur schwierig. Finden wir etwa Memoiren, die über das Kriegsjahr 1916 berichten, dann können wir diese zu den Quellen zählen, weil sie vorgeblich Ereignisse in der Perspektive unseres Untersuchungszeitraums wiedergeben. Wir können sie aber auch zur Literatur rechnen, da sie möglicherweise erst Jahrzehnte nach dem Ende des Kriegs verfasst wurden.

Als Quelle bezeichnet man demnach alle schriftlichen, dinglichen, baulichen, akustischen oder visuellen Überreste, die sich als Zeugnis von der Zeitstufe der Vergangenheit, die uns interessiert, bis in die Gegenwart erhalten haben.

Sekundäre Materialien sind hingegen alle schriftlichen, dinglichen, baulichen, akustischen oder visuellen Arbeitsgegenstände, die in zeitlichem Abstand über die Zeitstufe handeln, mit der wir uns beschäftigen.

Bevor im Folgenden näher auf die historischen Materialien im Einzelnen eingegangen wird, sollen hier zunächst einige kurze Bemerkungen zum allgemeinen Umgang mit ihnen eingeschoben werden. Schriftliche Quellen zu lesen, ist nämlich nicht allein eine Frage von Lesefähigkeit und Sprachkompetenz; sich Notizen bei der Lektüre zu machen, ist ebenfalls nicht so einfach, wie es zunächst scheinen mag; und Texte auf dem Kopierer oder dem Scanner zu vervielfältigen, setzt nicht nur technische Fertigkeiten im Umgang mit diesen Geräten voraus.

Exkurs: Umgang mit historischem Material: Lesen – Exzerpieren – Vervielfältigen

Der Bochumer Zeithistoriker Hans Mommsen (geb. 1930) sagte einmal, dass er seine Studenten beneide: In der Zeit des Studiums käme man noch zum Lesen, später im (wissenschaftlichen) Beruf nur noch zum »Basteln«. Mommsens ironische Bemerkung war nicht nur die Leidklage eines überlasteten Hochschullehrers, der sich nach mehr Ruhe und Muße für seine Forschungen sehnt. Sie zeigt darüber hinaus auch ein doppeltes Verständnis vom *Lesen* historischer Materialien.

Zum einen heißt ›Lesen‹ – und dieser Bedeutung gilt der Neid Mommsens –, Bücher zu verschlingen, Wissen anzuhäufen, neue Horizonte und Fragen aufgetan zu bekommen, kurzum: sich aus der Lust an der Geschichte heraus zu bilden. Wissenschaftliche Leidenschaft, die eine wesentliche Voraussetzung für ein erfolgreiches Geschichtsstudium ist, führt fast automatisch dazu, dass man in die Lektüre von Quellen und vor allem von Sekundärliteratur einsteigt. Für Anfänger, die einen Überblick über historische Sachverhalte gewinnen wollen, ist es daher besonders ratsam, Überblickswerke und einführende Literatur zu lesen. Sie helfen, sowohl Grundkenntnisse (›Daten und Fakten‹) zu erwerben als auch ein weiterführendes eigenes Interesse an bestimmten historischen Sachverhalten zu entwickeln. In dieser Bedeutung ist die Lust am historischen Lesen (und auch der Nutzen) vergleichbar mit dem Lesen von Belletristik.

Zum anderen bedeutet ›Lesen‹ – und dies meinte Mommsen mit ›Basteln‹ – die effektive Aneignung von Wissen durch den Umgang mit schriftlichen Materialien. Es ist unmöglich, alles zu einem Thema zu lesen; vielmehr kommt es darauf an, schnell und gezielt Quellen und Literatur zu finden und auszuwerten. Dies gilt für Studierende wie auch für alle Menschen, die später mit Geschichte im Beruf zu tun haben: für Wissenschaftler, die unter Zeitdruck Bücher und Aufsätze verfassen, für Journalisten, die ›sofort‹ eine historisch fundierte Reportage schreiben, für Öffentlichkeitsarbeiter, die kurzfristig den ›historischen Background‹ für eine Meldung recherchieren müssen, und für viele andere mehr. Unter Druck effektiv arbeiten zu können, will gelernt sein. Eine erste Voraussetzung hierfür ist, sich möglichst präzis über seine Interessen und Ziele klar zu werden (Näheres hierzu in Kap. 6.1.1.). Ebenso sollte man die Techniken und Tricks der Recherche im Internet und vor Ort kennen und beherrschen (s. Kap. 5). Schließlich gehört auch dazu, dass man das gewohnte ›Von-vorn-nach-hinten-Lesen‹ von Büchern durch ein *suchendes Lesen* ersetzt. ›Suchendes Lesen‹ bedeutet zunächst einen Blick in das Inhaltsverzeichnis, das Register und das Vorwort bzw. die Einleitung des Werks, das wir gerade auf seine Brauchbarkeit für ein Thema prüfen. Hier gilt es festzustellen, wo der Text für uns relevante Aussagen enthält und ob er eine uns betreffende Fragestellung verfolgt. Mitunter ist dies auf den ersten Blick schwierig zu entscheiden. In diesem Fall hilft das *Querlesen* oder *kursorische Lesen* weiter. Gemeint ist damit, dass man die Seiten ›überfliegt‹ und nicht den Ausführungen aufmerksam Satz für Satz folgt.

Um die Früchte dieses Nachschlagens und Suchens in die eigene Arbeit einbringen zu können, ist es wichtig, sie in Notizen festzuhalten. Diese werden als *Exzerpte*, der Vorgang des Notierens wird als *Exzerpieren* bezeichnet. Exzerpieren bedeutet ebenso, Kernzitate abzuschreiben, wie auch, wichtige Gedankengänge kurz in eigenen Worten zusammenzufassen. Besonderes Augenmerk beim Exzerpieren sollte darauf gelegt werden, dass für alle notierten Stellen und Ausführungen die entsprechende Seitenzahl mit festgehalten wird, so dass später die Angabe der Fundstelle in einer Fußnote problemlos erfolgen kann (s. Kap. 6.4.4.). Das Exzerpt bildet quasi die Quintessenz, das Kondensat eines Texts in Bezug auf das Thema, das wir bearbeiten wollen. Es enthält nicht das ›allgemein Wichtige‹, sondern das ›für uns Wichtige‹. Die Anlage von Exzerpten ist besonders ratsam bei Literatur, die dem Verfasser wissenschaftlicher Arbeiten nicht dauerhaft vorliegt (z. B. Büchern, die über Fernleihe zeitlich begrenzt bereitgestellt werden). Aber auch bei einer größeren Literaturfülle bieten sich Exzerpte – vielleicht sogar mit thematischer Ordnung – an: Wenn wir uns ein Thema denken wie ›Deutschland- und Frankreichbilder bei konservativen Politikern 1956–1961‹, dann ließe sich etwa vorstellen, dass man zu den Schriften jedes betrachteten Politikers ein Exzerptpapier mit Bemerkungen zum Deutschlandbild, ein weiteres mit Ausführungen zum Frankreichbild und möglicherweise noch ein drittes mit sonstigen wichtigen Überlegungen (z. B. das Verhältnis des einen Politikers zu

Exkurs: Umgang mit historischem Material

den anderen Politikern betreffend) anlegt, um beim Verfassen der Arbeit besser vergleichend arbeiten zu können.

Die Bedeutung des Exzerpierens war für frühere Historikergenerationen, die ohne Fotokopierer oder andere Möglichkeiten der Textvervielfältigung auskommen mussten, noch höher, weswegen gerade ältere Einführungen in die Geschichtswissenschaft diesen Arbeitsschritt sehr betonen. Die fotomechanische Reproduktion, wie das Kopieren anspruchsvoll genannt werden kann, hat vieles erleichtert; längere Zitate brauchen nicht mehr abgeschrieben zu werden, sondern lassen sich nun ›mal eben‹ abziehen; Gleiches gilt für Inhaltsverzeichnisse, die man als Übersicht behalten kann, wenn ein geliehenes Buch schon längst zurückgegeben ist. Aufsätze und wichtige Kapitel aus umfangreichen Werken lassen sich als Kopien oder Scans in Ruhe am heimischen Arbeitsplatz auswerten und bleiben dort dauerhaft verfügbar. Der technische Fortschritt des Kopierens und Scannens und damit einhergehend die mittlerweile auch recht preiswerte Reproduktion von Schriftgut haben große Vorzüge für das wissenschaftliche Arbeiten mit sich gebracht. Aber das bequeme Duplizieren von Vorlagen wirft auch ein Problem auf, das sogar einen bestimmten Menschentypus hervorgebracht hat: den ›Dauerkopierer‹. Diese Spezies scheint am Kopierer zu leben, ist immer von hohen Bücherstapeln umgeben und trägt frohen Gemüts bergeweise Kopien mit sich herum. Der Dauerkopierer hat sich das Motto des »Schülers« aus der Studierzimmerszene des *Faust* (1. Teil) zu Eigen gemacht: »Denn was man schwarz auf weiß besitzt, kann man getrost nach Hause tragen.« Doch wie Goethes Schüler sitzt der Dauerkopierer dabei einem mephistophelischen Trugschluss auf. Es geht nicht darum, möglichst viele Kopien zu erstellen, sondern möglichst wenige. Wie beim Exzerpieren kommt es beim Vervielfältigen darauf an, zentrale Aufsätze, wichtige Auszüge und bedeutende Stellen aus Büchern zu den eigenen Unterlagen hinzuzufügen; auch das Kopieren muss ein Vorgang des Kondensierens sein, in dem das Wichtige vom Unwichtigen getrennt wird. Das ist nicht nur Kosten sparend, sondern zugleich notwendige Voraussetzung für effektive wissenschaftliche Arbeit. Die Synthese von Ergebnissen aus einer begrenzten Anzahl von Exzerptpapieren oder Kopien ist möglich, das Zusammenführen von Resultaten aus Bergen von Büchern und Kopien ist es nicht. Das Problem der Auswahl, das sich bei der Literaturbearbeitung stellt, trifft in gleichem Maß auf das Internet zu (s. Kap. 5.2.).

4.1. Quellen

4.1.1. Primärquellen

Besonders für die Geschichte älterer Zeiten sind Quellen mitunter schwer zugänglich. In der Regel liegen uns Inschriften antiker Grabsteine ebenso wenig vor wie mittelalterliche Pergamenturkunden. Aber auch neuere Quellen wie Verwaltungsakten oder Nachlasssammlungen sind zuweilen schwierig einzusehen, weil sie in öffentlichen oder privaten Archiven untergebracht sind (s. Kap. 5.4.). Um es Forschern zu ermöglichen, mit Quellen zu arbeiten, und um Materialien, die sich an verschiedenen Orten befinden, vergleichend zu analysieren, hat man Mitte des 19. Jahrhunderts begonnen, *Quellensammlungen* zusammenzustellen. Das bekannteste deutsche Unternehmen dieser Art sind die *Monumenta Germaniae Historica* (MGH), eine Sammlung von mittelalterlichen Schriftquellen, die 1819 von Karl Freiherr vom und zum Stein (1770–1840) ins Leben gerufen wurde. Vor der Benutzung der MGH oder ähnlicher Quellensammlungen muss man sich darüber Rechenschaft ablegen, was man überhaupt sucht. Schon Ende des 19. Jahrhunderts waren die MGH nämlich in fünf Reihen aufgeteilt. In der Reihe »Scriptores« (SS) sind mittelalterliche Formen der Geschichtsschreibung zu finden, unter dem Stichwort »Leges« (LL) werden rechtsgeschichtliche Quellen gesammelt, die »Diplomata« (DD) enthalten Dynastenurkunden, die Reihe »Epistolae« (EE) enthält Briefe und in den »Antiquitates« sucht man etwa Nekrologe (»Nachrufe«). Alle Reihen sind wiederum in verschiedene Abteilungen untergliedert. Ähnliches gilt für vergleichbare größere Quelleneditionen – etwa im Bereich Neuzeit für die *Acta Borussica*, die sich in die Reihe A (»Behördenorganisation und allgemeine Staatsverwaltung«) und die Reihe B (»Die einzelnen Gebiete der Verwaltung«) mit jeweils zahlreichen Abteilungen differenzieren. Neben der Zugehörigkeit der Texte zu bestimmten Literaturformen (MGH) oder Gegenstandsbereichen (*Acta Borussica*) gibt es noch weitere Differenzierungskategorien für Quellensammlungen. Die Reihen der *Chroniken der deutschen Städte* beispielsweise sind nach ihren Regionen gegliedert. Die *Stenographischen Berichte über die Verhandlungen des deutschen Reichstages* folgen den Legislaturperioden seit 1867; sie haben eine chronologische Unterteilung. Wer also eine bestimmte Quelle in einer Edition sucht, muss sich zuvor genau überlegen, welchen Kriterien das Gesuchte entspricht. Um Hinweise hierauf zu erhalten, empfiehlt sich die Benutzung von *Quellenkunden*, die man wiederum in *Bücherverzeichnissen* (etwa bei Winfried Baumgart, *Bücherverzeichnis zur deutschen Geschichte. Hilfsmittel – Handbücher – Quellen*, München [15]2003 [zuerst 1971]) aufgelistet findet.

Der Arbeitsaufwand, den das Suchen einer Quelle erfordert, wird bei vielen Editionen entschädigt. Häufig handelt es sich nämlich hierbei um *kritische Quelleneditionen*, die dem Benutzer die ersten Schritte der Quellenkritik abnehmen. ›Kritisch‹ heißen diese Sammlungen deshalb, weil sie alle oder zumindest die wichtigsten Überlieferungsträger sichten und deren Lesarten verzeichnen sowie einleitende Hinweise zur Textauswahl, zum Entstehungshintergrund und Überlieferungskontext der Quellen bieten. In der Regel sind den einzelnen Quellen in diesen Editionen auch kurze *Regesten* vorangestellt, in denen der Inhalt des betreffenden Texts kurz zusammengefasst ist.

4.1.2. Regesten

Das Arbeiten mit Regesten bietet eine arbeitsökonomische Alternative zum Umgang mit Quellentexten. Wer zum Beispiel lediglich die wichtigsten Daten und Fakten einer Quelle sucht, dem ist mit einer Regestensammlung bereits hinlänglich gedient. Regestensammlungen sind ebenso wie Quellenkunden in einschlägigen Bücherverzeichnissen zu finden. Die wohl bedeutendste Sammlung für das Mittelalter ist die 1831 von Johann Friedrich Böhmer begonnene Reihe *Regesta imperii*, die nach Herrschergeschlechtern in verschiedene Reihen aufgeteilt ist und von der weiterhin neue Bände erscheinen (hrsg. von der Forschungsstelle für Geschichte des Mittelalters der Österreichischen Akademie der Wissenschaften). Wenngleich sich Regesten nicht für eine eingehendere quellenkritische Auseinandersetzung mit Dokumenten eignen, liefern sie mit Angaben zur Datierung und zum Entstehungshintergrund der skizzierten Quellen Informationen, die für viele Arbeiten bereits ausreichend sind. Regesten bieten auch häufig dort die einzige Möglichkeit wissenschaftlicher Forschung, wo das originale Quellendokument nicht mehr erhalten ist und keine Reproduktion vorliegt. Sollte auch kein Regest erstellt worden sein, so bleibt uns in diesem Fall nur die Möglichkeit, nach *sekundären Quellen* zu suchen.

4.1.3. Sekundäre Quellen

Als sekundäre Quelle bezeichnet man die sinngemäße Wiedergabe des Inhalts einer Quelle in einer anderen Quelle. Die Philosophiegeschichte bietet hierfür das bekannteste Beispiel. Von Sokrates weiß man, dass er seine philosophischen Auffassungen im Gespräch, also nichtschriftlich, mitgeteilt hat. Demgemäß verfügen wir über keine Originalquellen des Sokrates mehr. Dass wir trotzdem Aussagen über seine Philosophie machen können, liegt daran, dass Schüler des Sokrates, allen voran Platon, in ihren Schriften die Gedanken des Meisters festgehalten haben. Ähnliches gilt für veröffentlichte Vorlesungen, die auf der Grundlage von Mitschriften entstanden. Sekundäre Quellen sind bei weitem nicht so zuverlässig wie primäre Quellen. Schließlich ist es möglich, dass Platon Gespräche des Sokrates erfunden hat und damit von fiktiven Ansichten seines Lehrers berichtet. Ebenso ist es vorstellbar, dass der Hörer einer Vorlesung oder Rede Inhalte falsch verstanden oder bestimmte Themen nicht aufgezeichnet hat, so dass Entstellungen der Vorlage entstanden sind. Dementsprechend müssen wir vorsichtig mit der Beurteilung von Sachverhalten sein. Wir dürfen nicht sagen: »Sokrates hat in einem Gespräch mit Phaidros dies oder jenes behauptet«. Sondern wir müssen berücksichtigen, dass Sokrates diese Aussagen *nach Platon* in dieser oder jener Form getroffen hat.

Maurer, Michael (Hrsg.): Aufriß der Historischen Wissenschaften. Bd. 4: Quellen. Stuttgart 2002.

Meister, Klaus: Einführung in die Interpretation historischer Quellen. Schwerpunkt: Antike. 2 Bde. Paderborn [u. a.] 1997/99.

Rusinek, Bernd-A. [u. a.] (Hrsg.): Einführung in die Interpretation historischer Quellen. Schwerpunkt: Neuzeit. Paderborn [u.a.] 1992.

Theuerkauf, Gerhard: Einführung in die Interpretation historischer Quellen. Schwerpunkt: Mittelalter. Paderborn [u. a.] ²1997. [Zuerst 1991.]

4.2. Sekundärliteratur

Wie bereits erwähnt, zeichnen sich sekundäre Materialien dadurch aus, dass sie aus der Sicht des Nachhinein über einen Zeitraum handeln. Dies kann in sehr kurzer Form geschehen – etwa durch eine Zeitungsnotiz, einen Lexikonartikel oder einen Nachruf –, aber auch sehr große Ausmaße erreichen (bis hin zu vielbändigen Darstellungen). Zur Sekundärliteratur gehören damit alle Untersuchungen, die von Historikern oder Wissenschaftlern anderer Disziplinen bislang vorgelegt wurden.

4.2.1. Monographien

Die Bezeichnung ›Monographie‹ stammt aus dem Griechischen und meint Werke, die einen einzigen Untersuchungsgegenstand darstellen. Dies ist zunächst etwas missverständlich, denn zum einen können sich auch Aufsätze, Zeitungs- und Lexikonartikel nur einem Gegenstand widmen. Gegenüber diesen kürzeren Darstellungsformen zeichnet sich die Monographie durch den Anspruch einer ausführlichen und umfassenden Abhandlung ihres Themas aus. Zum anderen kann natürlich ein Sammelband mit verschiedenen Aufsätzen nur einem Untersuchungsthema verschrieben sein. Der Unterschied zur Monographie besteht hierbei darin, dass diese im Gegensatz zu Sammelwerken von meist nur einem (in seltenen Fällen von zwei oder mehreren Autoren) verfasst wurde. Zusammenfassend können wir also die Monographie als Literaturform definieren, deren Verfasser in einer bestimmten Untersuchungsabsicht (Perspektive) versucht, einen Forschungsgegenstand nach wissenschaftlichen Maßstäben möglichst umfassend zu erörtern.

4.2.1.1. Einzelforschungen

Bei dem Werk *Griff nach der Weltmacht. Die Kriegszielpolitik des kaiserlichen Deutschland 1914/18* (Nachdr. Düsseldorf 1994 [zuerst 1961]) des Hamburger Historikers Fritz Fischer (1908–99) handelt es sich um eine Monographie. Der Autor versucht, den im Untertitel genannten Forschungsgegenstand nach wissenschaftlichen Maßstäben (Quellenarbeit, Anmerkung von Zitaten, Verwendung von Sekundärliteratur, Nachvollziehbarkeit der Argumentation etc.) umfassend darzustellen. Seine Absicht ist es dabei, seine eigene Sichtweise auf die deutsche Kriegszielpolitik gegenüber 1961 bestehenden anderen Forschungsauffassungen geltend zu machen. Ziel seiner Monographie – wie aller Monographien überhaupt – ist es also nicht allein, ein neuartiges Ergebnis vorzustellen, indem Fischer Quellen auswertet, die von anderen Wissenschaftlern nicht ausgewertet wurden. Fischers Ziel ist es auch, an einige Perspektiven und Forschungen anzuknüpfen und gegen andere wiederum Stellung zu beziehen. Die Erschließung neuer Forschungsmaterialien (Quellen), eine neue Sichtweise auf den Untersuchungsgegenstand sowie Anknüpfung und Abgrenzung der eigenen Ergebnisse an und gegen andere Forschungsergebnisse sind also die wesentlichen Charakteristika dieser Monographieform.

4.2.1.2. Reihenwerke

Als wissenschaftliche Reihe bezeichnet man eine Folge von Buchveröffentlichungen, die von einem oder mehreren Herausgebern zusammengestellt wird. Sofern es sich bei den einzelnen Veröffentlichungen in einer Reihe nicht um Sammelbände handelt, werden auch Forschungsbeiträge in wissenschaftlichen Reihen als Monographien bezeichnet und müssen den eben erwähnten Merkmalen entsprechen. Die Aufnahme einer Monographie in eine Reihe kann dem kritischen Leser bereits einige Aufschlüsse über die Absicht der Untersuchung geben. So etwa, wenn ein Buch in der »Schriftenreihe des Forschungsinstitutes der Friedrich-Ebert-Stiftung« erscheint und man weiß, dass diese Stiftung der SPD nahe steht. Oder etwa, wenn ein Band in der Reihe »Kritische Studien zur Geschichtswissenschaft« erscheint, deren Herausgeberschaft sich im Wesentlichen aus Vertretern der so genannten »Bielefelder Schule« zusammensetzt, die eine gesellschaftsgeschichtliche Perspektive vertritt. Bei Arbeiten, die in der Reihe »Sprache und Geschichte« angesiedelt sind, kann man dagegen davon ausgehen, dass diese einen begriffsgeschichtlichen Ansatz vertreten werden. Im Gegensatz zur Einzelforschung verfügen wir bei Monographien in wissenschaftlichen Reihen also über einen ersten Anhaltspunkt, welche Perspektive uns bei der Lektüre erwartet.

4.2.1.3. Biographien

Ebenfalls zu den Monographien rechnet man jene Werke, die sich wissenschaftlich mit dem Leben einer oder einer begrenzten Anzahl von Personen beschäftigen. Diese Monographien bezeichnet man als Biographien. Die Biographie *Friedrich der Große. Ein Königtum der Widersprüche* (Nachdr. Berlin/München 2002 [zuerst 1983]) des Kölner Historikers Theodor Schieder (1908–1984) ist deshalb eine Monographie, weil sie sich dem Leben des Monarchen mit dem gleichen wissenschaftlichen Anspruch durch Quellenanalyse, Literaturauswertung und Bildung einer neuen Forschungsauffassung nähert, mit dem Fritz Fischer etwa die deutsche Kriegszielpolitik betrachtet hat. Biographische Arbeiten müssen sich aber nicht nur auf eine Einzelperson beschränken. Schon der antike Historiker Plutarch (um 46 – um 125) kontrastierte in seinen *Bioi paralleloi* (d.h. »Vergleichende Lebensläufe«) das Leben zweier Persönlichkeiten. Gerade im Gegensatz zur Biographik des 19. und frühen 20. Jahrhunderts hat sich in der neueren Forschung eine Richtung etablieren können, die *vergleichende Biographien* auf breiter Basis anstrebt. So liegen etwa *Familienbiographien* (z.B. Elisabeth Kraus, *Die Familie Mosse. Deutsch-jüdisches Bürgertum im 19. und 20. Jahrhundert*, München 1999) oder *Sammelbiographien* einer sozialen Gruppe (z.B. ›Historiker‹: Wolfgang Weber, *Priester der Klio. Historisch-sozialwissenschaftliche Studien zur Herkunft und Karriere deutscher Historiker und zur Geschichte der Geschichtswissenschaft 1800–1970*, Frankfurt a.M. [u.a.] 1984) vor. Vergleichende und Sammelbiographien sind darum häufig als sozialgeschichtliche Untersuchungen angelegt, um Aufschlüsse über Möglichkeiten und Bedingungen sozialer Karrieren zu geben. Dies ist bei *Einzelbiographien* nur dann der Fall, wenn diese als *Typenbiographie* gestaltet sind. Die traditionelle Einzelbiographie – etwa Schieders – stellte das Leben großer Männer in den Mittelpunkt und verfolgte damit einen *besonderen* Lebenslauf. Neuere Formen der Typenbiographie zeichnen eher den Lebensgang ›normaler‹ Menschen nach und versuchen so Einblicke in vergangene soziale Gefüge zu eröffnen. Ein radikales Beispiel hierfür ist Alain Corbins *Auf den Spuren eines Unbekannten. Ein Historiker rekonstruiert ein ganz gewöhnliches Leben* (Frankfurt a.M. 1999; franz. 1998). Corbins Absicht ist es nicht, den Holzschuhmacher Louis-François Pinagot zu einer bekannten Persönlichkeit zu machen. Vielmehr beschreibt er dessen Biographie, um zu zeigen, wie das Leben in einem kleinen französischen Dorf im 19. Jahrhundert ausgesehen haben mag. Sowohl die traditionelle Biographie, die auf das Individuelle abhebt, als auch die vergleichende Sammel- und Typenbiographie, die auf das Allgemeine zielen, zählen zu den Monographien.

Hähner, Olaf: Historische Biographik. Die Entwicklung einer geschichtswissenschaftlichen Darstellungsform von der Antike bis ins 20. Jahrhundert. Frankfurt a. M. [u. a.] 1999.
Klein, Christian (Hrsg.): Grundlagen der Biographik. Theorie und Praxis des biographischen Schreibens. Stuttgart [u. a.] 2002.
Klingenstein, Grete [u. a.] (Hrsg.): Biographie und Geschichtswissenschaft. Aufsätze zur Theorie und Praxis biographischer Arbeit. Wien 1979.

4.2.1.4. Handbücher

Zeichnen sich alle bislang erwähnten Monographieformen dadurch aus, dass sie neue Forschungsergebnisse präsentieren, so gibt es auch einen Monographietyp, für den das nicht zutrifft. Als ›Handbücher‹ bezeichnet man Überblicksdarstellungen zu einem Thema. Die Charakterisierung ›Handbuch‹ weist das betreffende Werk als Einführungsliteratur aus und besagt nichts über dessen Umfang oder Format (im Gegensatz zum Taschenbuch). Als Handbuch kann man zum Beispiel die *Deutsche Geschichte* von 1800–1918 (München 1983–92) des Münchner Historikers Thomas Nipperdey (1927–1992) bezeichnen, die drei dicke Bände füllt und auf die Vermittlung von Überblickswissen abzielt. Handbücher können auch als Reihe erscheinen. Das bekannteste Beispiel hierfür ist die 8. Auflage des *Gebhardt*, der den Untertitel *Handbuch der deutschen Geschichte* (München 1973–80) führt. Sowohl das Gesamtwerk als auch jedes seiner 22 als Taschenbuch erschienenen Einzelbände sind Handbücher. Anders als in den anderen Monographieformen wird in Handbüchern nur wenig Wert auf detaillierte Quellenanalyse gelegt. Und auch Forschungskontroversen werden nicht ausdrücklich reflektiert. Stattdessen kommt es mehr auf eine leicht verständliche Darstellung an, die es dem Leser ermöglicht, einen ersten Zugang zur Forschung zu erhalten.

In diesem Sinne könnte man auch die vorliegende Einführung als Handbuch bezeichnen.

Ein häufig anzutreffendes Missverständnis ist die Verwechslung von Handbüchern und Handwörterbüchern. Letztere zählen nicht zu den Monographien. Sie gehören neben Lexika und Enzyklopädien zur Sparte der Nachschlagewerke mit kurzen Artikeln zu unterschiedlichen Themen (s. Kap. 4.2.3.3.).

4.2.2. Periodika und Sammelbände

Wirft man einen Blick auf die Publikationslisten bedeutender Historiker, so sieht man, dass das Gros der Veröffentlichungen nicht aus Monographien, sondern aus Aufsätzen besteht. Sicher sind es zwar die Monographien, die als große Werke den Ruf des einzelnen Historikers wesentlich begründen. Die Bedeutung, die dieser allerdings für die Forschung gewinnt, basiert häufiger viel mehr auf Aufsatzbeiträgen. In diesen findet man mitunter das, was in einer Monographie als aus ›einem Guss‹ erscheint, durch Einzelstudien vorbereitet oder sogar eine knappe Zusammenfassung von anderswo detailreich Ausgebreitetem.

Aufsätze zeichnen sich im Gegensatz zu Monographien durch eine begrenzte Länge aus, die meist um die 20 Druckseiten beträgt. Außerdem behandeln sie ein Thema selten umfassend. Stattdessen geben sie entweder ein Forschungsprogramm wieder, wählen einen Teilaspekt eines großen Themas oder behandeln dies exemplarisch auf einer eingeschränkten Quellen- und Literaturbasis sowie mit begrenzten Fragestellungen. Sind Monographien – mit Ausnahme der Handbücher – also Gesamtdarstellungen mit wissenschaftlichem Innovationspotential, dann sind Aufsätze wissenschaftliche Detailstudien mit demselben Anspruch oder programmatische Schriften.

4.2.2.1. Zeitungen und Zeitschriften

Ein besonderes Forum für Berufshistoriker sind *Tageszeitungen* und *Wochenzeitungen*. In ihnen besteht die Möglichkeit, ein breites Publikum zu erreichen sowie auf aktuelle Geschehnisse und Anlässe Bezug zu nehmen. Im Feuilleton und den Literaturbeilagen der großen überregionalen Zeitungen mit wissenschaftskultureller Bedeutung – *Neue Zürcher Zeitung, Frankfurter Rundschau, Frankfurter Allgemeine Zeitung, Süddeutsche Zeitung, Die Zeit, Die Welt* – sind daher regelmäßig wichtige geschichtswissenschaftliche Beiträge zu finden. Zeitungen dienen nicht selten als Austragungsort wichtiger Wissenschaftskontroversen; so wurde zum Beispiel der »Historikerstreit«, eine der bedeutendsten Auseinandersetzungen in der Geschichtswissenschaft nach dem 2. Weltkrieg, in der es um die Einzigartigkeit des Holocaust ging, 1986 vor allem im Feuilleton der *Frankfurter Allgemeinen Zeitung* ausgetragen. Ein Blick in größere Zeitungen dient also nicht nur der allgemeinen politischen und kulturellen Orientierung, sondern kann auch wissenschaftlich interessant sein.

Nicht zu verwechseln mit Zeitungen sind *(Fach-)Zeitschriften*. In Deutschland hat sich im internationalen Vergleich schon sehr früh ein historisches Zeitschriftenwesen herausgebildet. 1859 wurde von Heinrich von Sybel die *Historische Zeitschrift* (HZ) gegründet, die noch heute die angesehenste Fachzeitschrift in unserem Land ist. Ebenfalls hohes Renommée als Zeitschrift für die gesamte Disziplin genießt die *Zeitschrift für Geschichtswissenschaft*, die 1953 in der DDR als zentrales nationales Organ der Geschichtswissenschaft ins Leben gerufen wurde und seit der Vereinigung als gesamtdeutsches Unternehmen weiterbesteht. Häufig sind mit diesen Zeitschriften bestimmte wissenschaftliche Programmatiken verbunden. Die 1975 gegründete Zeitschrift *Geschichte und Gesellschaft*, die heute mit zu den renommiertesten Fachorganen zählt, enthält vor allem Forschungen zu sozialgeschichtlichen Themen. Wer etwas im *Archiv für Begriffsgeschichte* sucht, kann schon am Titel ermessen, welche Forschungsperspektive in den enthaltenen Aufsätzen anzutreffen sein wird.

Middell, Matthias (Hrsg.): Historische Zeitschriften im internationalen Vergleich. Leipzig 1999.

Parallel zur Aufsplitterung der Geschichte in verschiedene Teildisziplinen hat sich auch das historische Zeitschriftenwesen diversifiziert. Jeder historische Fachbereich – ob epochal, sektoral oder regional – verfügt heute über ein eigenes Organ, in dem sich die fachthematischen Abhandlungen konzentrieren. Wer also einen Überblick gewinnen möchte über die momentanen Themenschwerpunkte in einem bestimmten Fachbereich, sollte einfach einen Blick auf die Inhaltsverzeichnisse der zuletzt erschienenen Hefte einer Fachzeitschrift werfen. Interessiere ich mich für Sozial- und Wirtschaftsgeschichte, dann schaue ich in die *Vierteljahrschrift für Sozial- und Wirtschaftsgeschichte*; möchte ich etwas über den Stand der Zeitgeschichte erfahren, dann nehme ich die *Vierteljahrshefte für Zeitgeschichte* zur Hand usw. Einen Überblick darüber, welche Zeitschrift welchen Fachbereich abdeckt, erhält man entweder, indem man den *Zeitschriftenindex* der Bibliothek, in der man arbeitet, oder eine Zeitschriftenbibliographie benutzt (s. hierzu die Literaturhinweise in Kap. 5.1.).

4.2.2.2. Jahrbücher

Zu den Periodika zählen neben den Zeitschriften die Jahrbücher, die sich durch zwei Punkte von jenen unterscheiden. Erstens erscheinen Jahrbücher, wie der Name schon sagt, einmal im Jahr, während Zeitschriften in Monatsabständen, viertel- oder halbjährig in einzelnen Heften publiziert werden. Zweitens stehen hinter Jahrbüchern häufig wissenschaftliche Gesellschaften mit bestimmten Interessen oder Programmatiken. Wer zum Beispiel weiß, dass die Mitglieder der Görres-Gesellschaft vorwiegend einem katholisch-konservativen Wissenschaftsspektrum angehören, kann das *Historische Jahrbuch der Görres-Gesellschaft* einordnen. Zu wissen, dass das *Jahrbuch für Wirtschaftsgeschichte* bis zu dessen Auflösung vom Institut für Wirtschaftsgeschichte der Akademie der Wissenschaften der DDR herausgegeben wurde, ist von Vorteil, wenn wir einschätzen möchten, was uns dort für Forschungsperspektiven erwarten. Haben wir also über die Herausgeberschaft von Zeitschriften und Jahrbüchern und gegebenenfalls über die Ausrichtung sie betreibender wissenschaftlicher Gesellschaften und Vereine erste Anhaltspunkte gewonnen, die eine mögliche Ausrichtung der Forschungsabsichten vermuten lassen, so müssen wir uns doch vor Vorurteilen hüten. Im Jahrbuch der Görres-Gesellschaft ist ebenso wenig jeder Aufsatz konservativ wie er im Jahrbuch für Wirtschaftsgeschichte notwendigerweise historisch-materialistisch sein muss.

4.2.2.3. Sammelbände

Ein zentraler Motor historischer Forschung ist die Diskussion zwischen Wissenschaftlern. Zu diesem Zweck werden Tagungen, Konferenzen, Kongresse und Workshops veranstaltet, die jeweils einem bestimmten Thema gewidmet sind. Häufig geht aus diesen Zusammenkünften eine Sammlung der Tagungsbeiträge hervor, die von einem oder mehreren *Herausgebern* besorgt wird. Diese Sammelbände enthalten dann die Vorträge bzw. Referate in Schriftfassung; mitunter werden auch Stellungnahmen, Diskussionsbeiträge und weitere Texte aufgenommen. Der

Vorteil von Sammelbänden gegenüber einer Monographie ist, dass sie ein besonderes Thema in seinen unterschiedlichen Aspekten und mit unterschiedlichen Perspektiven beleuchten. Auf diese Weise können Sammelbände Forschungskontroversen bestens widerspiegeln. Ein eindrucksvolles Beispiel hierfür ist der Sammelband *Historikerstreit: die Dokumentation der Kontroverse um die Einzigartigkeit der nationalsozialistischen Judenvernichtung* (München [u. a.] ⁹1995 [zuerst 1987]), der die verschiedenen Positionen in einer der größten Debatten um die Ausrichtung und Aufgabe der Geschichtswissenschaft nach dem 2. Weltkrieg in Deutschland dokumentiert. Gleichwohl ist dieser Band auch ein Beispiel dafür, dass Sammelbände nicht notwendigerweise aus Tagungen hervorgegangen sein müssen (wenngleich dies für die Mehrzahl zutrifft); auch auf Verlagsinitiative oder Autoren-/Herausgeberwunsch entstehen Sammelbände.

Eine besondere Form des Sammelbands ist die *Festschrift*. Sie wird aus Anlass einer Ehrung – meist eines ›runden Geburtstags‹ oder der Emeritierung – für verdiente Historiker erstellt. In Festschriften finden sich Aufsätze von Freunden und Kollegen des Geehrten, die in der Regel einen gewissen Bezug zu dessen Forschungsschwerpunkten haben. Ein großer Nachteil von Festschriften ist, dass sie meist inhaltlich nicht sehr homogen sind (also sich nicht auf ein gemeinsames Forschungsinteresse beziehen) und häufig ›Schubladentexte‹ enthalten. Gemeint sind damit entlegenere Studien und Gelegenheitsaufsätze, die ihre Verfasser für nicht wert genug halten, um sie an einer exponierten Stelle (einer renommierten Zeitschrift, einem viel beachteten Sammelband) zu veröffentlichen und sie stattdessen für den Zweck einer Festschrift verwenden. Auch die Zahl von »Zweitverwertungen«, also Wiederabdrucken so oder ähnlich bereits zuvor veröffentlichter und damit alter Schriften, ist in Festschriften recht hoch.

4.2.3. Lexika und Nachschlagewerke

Das 18. Jahrhundert wird manchmal auch als das ›enzyklopädische Zeitalter‹ bezeichnet. In ihm wurde die Vorstellung entwickelt, dass man alles menschliche Wissen nach Artikeln geordnet sammeln und somit ein ›Museum des Wissens‹ schaffen könne. Dass diese Vorstellung falsch war, weil sich auch Wissenschaft weiterentwickelt und Dinge heute anders beurteilt werden als früher, hat am Wert enzyklopädischer Literatur nichts geändert.

4.2.3.1. Konversationslexika

Die meistbenutzte Form allgemeiner Lexika sind die Konversationslexika, von denen *Der Große Brockhaus* oder *Meyers Lexikon* die bekanntesten und umfassendsten im deutschsprachigen Raum sind. In alphabetischer Reihenfolge enthalten sie nach Stichworten sortiert kurze Artikel – auch zu vielen historischen Themen. Der häufig in Einführungsseminaren vernehmbare Appell, dass man Konversationslexika nicht zitieren dürfe, hat seine Berechtigung und hat sie auch wieder nicht. Auf die Zitation von nicht mit einem Verfassernamen gekennzeichneten Konversationslexikonartikeln sollte dann verzichtet werden, wenn einschlägige Artikel in Fachlexika vorliegen. Durchaus zitierfähig sind sie dann, wenn wir begriffsgeschichtlich zeigen möchten, dass sich die Bedeutung, mit der ein bestimmter Sachverhalt versehen wurde, gewandelt hat. Wenn wir zum Beispiel darstellen wollen, dass der Begriff des ›Führers‹ heute im Allgemeinen ganz anders verstanden wird als vor 60 Jahren, können wir etwa die Einträge in der Ausgabe des *Meyer* von 1937 mit der aktuellen Auflage dieses Werks vergleichen. Wir benutzen das Lexikon dann aber als Quelle, nicht als Sekundärliteratur!

Wenngleich also der Niederschlag von Konversationslexika in wissenschaftlichen Arbeiten begrenzt ist, eignen sie sich doch vorzüglich, um erste Anhaltspunkte über Ereignisse, Daten, Orte und Personen zu finden. Ein namhaftes Konversationslexikon sollte sich immer in Griffnähe des Historikerschreibtisches befinden – Taschenbuch- und mittlerweile auch CD-ROM-Ausgaben des *Brockhaus* oder *Meyer* machen dies finanziell möglich.

4.2.3.2. Biographische Lexika

Die lexikalische Fachliteratur unterteilt sich in biographische Wörterbücher und in Sachwörterbücher.

Auch bei biographischen Lexika sollte darauf geachtet werden, dass die Artikel namentlich gekennzeichnet sind. Nichts spricht gegen die Benutzung der *Deutschen Biographischen Enzyklopädie* (DBE), die in knappen Beiträgen bedeutende Persönlichkeiten aus dem deutschsprachigen Raum vorstellt. Jedoch sollten nur solche Artikel aus ihr zitiert werden, die einen ausdrücklichen Verfasser haben – und das ist nur bei einigen Stichworten der Fall. Biographische Lexika eignen sich zur Erstellung von *Personenkommentaren*, in den Fließtext oder die Anmerkungen eingefügte Erläuterungen zu Lebensdaten, markanten Stationen des Lebenswegs und Werken von Persönlichkeiten, die für unsere Darstellung relevant sind. Solche Lexika gibt es auf nationaler Ebene – *Nationalbiographien* – wie auch auf regionaler und lokaler Ebene. Sie sind in der Regel ebenfalls alphabetisch geordnet, seltener nach Geburtsjahren oder im Falle so genannter *Gedenktage* nach Geburts- oder Todesjahr. Im Idealfall enthalten sie über die Darstellung des Lebenswegs bedeutender Persönlichkeiten hinaus Angaben zur Familie des Biographierten, einen tabellarischen Lebenslauf sowie ein Werk-, Literatur- und Porträtverzeichnis, mitunter auch ein Porträt. Die beiden bedeutendsten Sammelbiographien für den gesamten deutschsprachigen Raum sind die *Allgemeine Deutsche Biographie* (ADB) und ihre Nachfolgerin, die *Neue Deutsche Biographie* (NDB). Angaben zur Person, Kurzbibliographien und Adressen noch lebender Persönlichkeiten des öffentlichen Lebens finden sich in regelmäßig aktualisierten Verzeichnissen, wie der deutschen Ausgabe des *Who is Who*, dem *Wer ist Wer?*, oder in *Kürschners Deutscher Gelehrtenkalender* (auch als CD-Rom).

Allgemeine Deutsche Biographie. Leipzig 1875–1912. 56 Bde. [Kostenlose Internetversion.]
Deutsche Biographische Enzyklopädie. Hrsg. von Walther Killy [u. a.]. 10 Bde. und 3 Erg.-Bde. München 1995–2003. [Neudr. 2001; auch als CD-Rom.]
Neue Deutsche Biographie. Hrsg. von der Historischen Kommission bei der Bayerischen Akademie der Wissenschaften. 22 Bde. ff. Berlin 1953 ff. [Noch nicht abgeschlossen; Register auf CD-Rom und kostenlos im Internet.]

Neben den biographischen Lexika, die auf einen geographischen Raum Bezug nehmen, gibt es auch solche, die Personen eines bestimmten Zeitraums darstellen (z. B. *Biographisches Lexikon zur Weimarer Republik*, hrsg. von Wolfgang Benz und Hermann Graml, München 1988), Vertreter einer Institution porträtieren (z. B. *Biographisches Handbuch der Mitglieder des Deutschen Bundestages 1949–2002*, hrsg. von Rudolf Vierhaus [u. a.], München 2002) oder Vertreter von Wissenschaften oder Berufsgruppen verzeichnen (Literaten-, Philosophen-, Technikerbiographien, aber auch ›Entlegeneres‹ wie etwa die *Biographien bedeutender hessischer Forstleute*, hrsg. von der Georg-Ludwig-Hartig-Stiftung, Wiesbaden 1990). Besondere Bedeutung für Historiker haben natürlich die biographischen Nachschlagewerke zur Geschichtswissenschaft, da sie nicht nur Darstellungen historisch bedeutender Wissenschaftler sind, sondern mitunter auch Hintergrundinformationen liefern über Autoren geschichtswissenschaftlicher Werke, mit denen wir gerade beschäftigt sind.

Bruch, Rüdiger vom / Müller, Rainer A. (Hrsg.): Historikerlexikon. Von der Antike bis zum 20. Jahrhundert. München ²2002. [Zuerst 1991.]

Hohls, Rüdiger / Jarausch, Konrad H. (Hrsg.): Versäumte Fragen. Deutsche Historiker im Schatten des Nationalsozialismus. Stuttgart/München 2000. S. 441–502.

Weber, Wolfgang: Biographisches Lexikon zur Geschichtswissenschaft in Deutschland, Österreich und der Schweiz. Die Lehrstuhlinhaber für Geschichte von den Anfängen des Fachs bis 1970. Frankfurt a. M. ²1987. [Zuerst 1984.]

Wehler, Hans-Ulrich: Deutsche Historiker. 9 Bde. Göttingen 1971–82.

4.2.3.3. Sachwörterbücher

Ebenso vielfältig wie das Spektrum biographisch-lexikalischer Literatur ist die Liste verfügbarer Sachwörterbücher. Als solche bezeichnet man lexikalisch aufgebaute Darstellungen bestimmter Sachgebiete. Hierzu zählt die große Anzahl von lexikalischen Nachschlagewerken zu den Wissenschaften und Berufen, die wichtige Kurzinformationen für Sachkommentare liefern können. Besonders wichtig für die geschichtswissenschaftliche Arbeit sind aber historisch ausgerichtete Sachwörterbücher. So liegen etwa für die Antike mit *Der Neue Pauly* und für das Mittelalter mit dem *Lexikon des Mittelalters* umfangreiche und zitierfähige Fachwörterbücher vor; wer sich mit der Kirchengeschichte beschäftigt, kann sich mit dem (allerdings aus theologischem Interesse verfassten) *Lexikon für Theologie und Kirche*, *Religion in Geschichte und Gegenwart* oder der *Theologischen Realenzyklopädie* weiterhelfen; Referenzwerk für Rechtshistoriker ist das *Handwörterbuch der deutschen Rechtsgeschichte*. Nicht nur für Philosophen, sondern auch für Geschichtstheoretiker einschlägig sind das *Historische*

Wörterbuch der Philosophie und die *Enzyklopädie Philosophie und Wissenschaftstheorie*. Für andere Bereiche gibt es ähnliche Nachschlagewerke, die für Historiker sehr aufschlussreich sein können. Informationen hierzu finden sich im (schon etwas älteren) *Index Lexicorum* und anderen Bibliographien der Nachschlagewerke (s. Kap. 5.1.).

Enzyklopädie Philosophie und Wissenschaftstheorie. Hrsg. von Jürgen Mittelstraß. 4 Bde. Mannheim [u. a.] 1980–96.
Handwörterbuch der deutschen Rechtsgeschichte. Hrsg. von Adalbert Erler [u. a.]. 5 Bde. Berlin 1971–98.
Historisches Wörterbuch der Philosophie. Hrsg. von Joachim Ritter [u. a.]. 12 Bde. ff. Basel/Stuttgart 1971 ff.
Lexikon des Mittelalters. 10 Bde. Stuttgart [u. a.] 1980–99.
Lexikon für Theologie und Kirche. Hrsg. von Walter Kasper [u. a.]. 11 Bde. Freiburg i. Br. [u. a.] ³1993–2001.
Der Neue Pauly. Hrsg. von Hubert Cancik [u. a.]. 16 Bde. Stuttgart/Weimar 1996–2003.
Religion in Geschichte und Gegenwart. Hrsg. von Hans-Dieter Betz [u. a.]. 6 Bde. ff. Tübingen ⁴1998 ff.
Theologische Realenzyklopädie. Hrsg. von Gerhard Krause und Gerhard Müller. 34 Bde. ff. Berlin / New York 1977 ff.

Das umfangreichste lexikalisch aufgebaute Werk zur Geschichtswissenschaft allgemein sind die *Geschichtlichen Grundbegriffe*; ob es sich hierbei freilich um ein Sachwörterbuch handelt, darüber kann man streiten: Trotz ihres beachtlichen Gesamtumfangs enthalten die *Geschichtlichen Grundbegriffe* nur relativ wenige Artikel; diese können allerdings das Volumen ganzer Monographien annehmen. Hierdurch hat das Werk nur bedingt Nachschlagecharakter. Für den praktischen Einsatz im Studium und auch als Anschaffung aufgrund ihres Preises besser geeignet sind kürzere Werke. Klassiker sind beispielsweise das *Sachwörterbuch zur deutschen Geschichte*, das *Hilfswörterbuch für Historiker. Mittelalter und Neuzeit*, das *dtv-Wörterbuch zur Geschichte* und *Das Fischer Lexikon Geschichte*. Diese Bände enthalten vor allem *systematische*

Begriffe, also solche, mit denen bestimmte historische Akteure, Strukturen, Bewegungen und Ereignisse bezeichnet werden (z. B. ›Liberalismus‹, ›Vertrag von Versailles‹, ›Primogenitur‹). Wer dagegen Erläuterungen zu methodisch-theoretischen Begriffen und geschichtswissenschaftlichen Strömungen (z. B. ›Sozialgeschichte‹, ›Quellen‹, ›Gedächtnis‹) sucht, findet diese im *Lexikon Geschichtswissenschaft. Hundert Grundbegriffe*.

Asendorf, Manfred [u. a.]: Geschichte. Lexikon der wissenschaftlichen Grundbegriffe. Reinbek 1994.
dtv-Wörterbuch zur Geschichte. Hrsg. von Konrad Fuchs und Heribert Raab. 2 Bde. München [13]2002. [Zuerst 1972.]
Das Fischer Lexikon Geschichte. Akt., vollst. überarb. und erg. Aufl. Hrsg. von Richard van Dülmen. Frankfurt a. M. 2003. [Zuerst 1990.]
Geschichtliche Grundbegriffe. Historisches Lexikon zur politisch-sozialen Sprache in Deutschland. Hrsg. von Otto Brunner, Werner Conze und Reinhard Koselleck. 8 Bde. Stuttgart 1972–97. [Paperbackausgabe 2004.]
Hilfswörterbuch für Historiker. Mittelalter und Neuzeit. Hrsg. von Eugen Haberkern und Joseph Friedrich Wallach. 2 Bde. Bern [u. a.] [9]2001. [Zuerst 1935.]
Lexikon Geschichtswissenschaft. Hundert Grundbegriffe. Hrsg. von Stefan Jordan. Stuttgart 2002 [u. ö.].
Sachwörterbuch zur deutschen Geschichte. Hrsg. von Hellmuth Rößler und Günther Franz. München 1958.
Wörterbuch der Geschichte. 2 Bde. Berlin 1984.
Wörterbuch zur Geschichte. Begriffe und Fachausdrücke. Hrsg. von Erich Bayer. Nachdr. Darmstadt 2003. [Zuerst 1960.]

4.2.4. Rezensionsorgane

Als *Rezension* oder *Buchbesprechung* bezeichnet man die kritische Darstellung eines (meist eben erst erschienenen) Buchs. Es gibt gute und schlechte Rezensionen. Eine schlechte Rezension hat die Form eines Urteils; sie stellt den Inhalt des besprochenen Buchs nicht vor und ordnet dieses Buch nicht in die allgemeine Literaturlage ein. Zudem werden die Ausführungen benutzt, um die eigene Position als überlegen auszuweisen. Eine gute Rezension versucht dagegen zunächst einmal, die Intention des besprochenen Buchs zu verstehen (›Was will der Autor?‹). Sie skizziert dann die groben Züge von dessen Inhalt (›Was schreibt der Autor?‹), wertet Leistungen des Werks an seinen Ansprüchen (›Hält das Buch, was es verspricht?‹) sowie darüber hinaus (›Leistet es noch mehr?‹) und ordnet diese Leistungen im Vergleich mit bestehender Literatur ähnlicher Thematik ein (›Sind Ansatz und Ergebnisse produktiv und innovativ?‹). Eine Rezension dient der Information; sie soll Auskunft geben, ob sich ein Buch zur Lektüre für eine bestimmte Thematik eignet. Rezensionen lesen sollte man, weil man so erfährt, was auf dem wissenschaftlichen Buchmarkt vorhanden ist und was davon das eigene Interesse berührt. Häufig geben Rezensionen, indem sie neue Bücher in bestehende Kontexte einordnen, auch Aufschluss über bestimmte Positionen und Gegenpositionen in der Geschichtswissenschaft. Empfehlenswert ist es zudem, selbst Rezensionen zu verfassen, auch ohne bereits ein renommierter Historiker zu sein. Im Hinblick darauf, ein Buch nach den genannten Kriterien einer guten Rezension rezensieren zu müssen, schärft man in der Regel bei der Lektüre seinen Blick sowohl auf den Inhalt als auch auf den Aufbau der Schrift.

Rezensionen haben im Schnitt eine Länge von 1–4 Druckseiten, selten sind sie länger. Sie erscheinen gedruckt in großen wissenschaftlichen Fachorganen, wie der *Historischen Zeitschrift* und der *Zeitschrift für Geschichtswissenschaft*, oder in elektronischer Fassung in speziellen Fachforen und Publikationsorganen im Netz (z. B. *Sehepunkte*). Während bei den ›großen‹ Fachzeitschriften Rezensionen eher auf Anfrage der Redaktion an Spezialisten vergeben werden, sind kleinere oder speziellere Medien häufig froh, wenn sie Angebote für Besprechungen (auch von nichtgraduierten) Historikern erhalten. Rezensionen sind wie fast alle nicht-monographischen Veröffentlichungen in der Regel unbezahlt; als kleine Kompensation erhält man aber das besprochene Buch umsonst.

4.2.5. Historische Atlanten, Tabellen und Statistiken

Friedrich Wilhelm Putzger (1849–1913) war zuerst Lehrer, später Oberschulrat im Vogtland. Sein Name wäre schon längst vergessen, wenn er nicht zum Markenzeichen eines, besser: *des* historischen Weltatlasses geworden wäre, der von 1877 bis heute in mehr als 100 Auflagen Verbreitung fand. Das Werk, mit dem jeder Schüler bereits gearbeitet hat, gehört zusammen mit einer Einführung in das Studium, einem mehrbändigen Konversationslexikon, einem Sachwörterbuch der Geschichte sowie dem Grammatik-, dem Rechtschreibungsband und dem Fremdwörterbuch des DUDEN zur elementaren Grundausrüstung jedes Geschichtsstudenten. Der *Putzger* enthält topographische bzw. politische Karten zur Weltgeschichte, die zum räumlichen Verstehen von deren Abfolge und Zusammenhängen unverzichtbar sind. Wer sich von der Geschichte des altägyptischen Reichs einen Begriff machen will, für den ist es unerlässlich, sich aus historischen Karten einen Eindruck von dessen geographischem Umfang zu bilden; dies gilt natürlich auch für moderne Grenzen und topographische Gegebenheiten (z. B. Flussverläufe, Gebirge, Überschwemmungsgebiete). Eine Übersicht über solche Werke bieten:

Franz, Günther: Historische Kartographie. Forschung und Bibliographie. Hannover ³1980. [Zuerst 1955.]

Ebeling, Dietrich (Hrsg.): Historisch-thematische Kartographie. Konzepte – Methoden – Anwendungen. Bielefeld 1999.

Hilgemann, Werner [u. a.]: dtv-Perthes-Weltatlas. Großräume in Vergangenheit und Gegenwart. 14 Bde. München 1973–80.

Kinder, Hermann / Hilgemann, Werner: dtv-Atlas zur Weltgeschichte. Karten und chronologischer Abriß. 2 Bde. München ³⁶2003. [Zuerst 1964/66.]

Kirsten, Ernst [u. a.]: Raum und Bevölkerung in der Weltgeschichte (»Bevölkerungsploetz«). 4 Bde. Würzburg ³1965–68. [Zuerst 1956–65.]

Zögner, Lothar (Hrsg.): Schulatlanten in Deutschland und benachbarten Ländern vom 18. Jahrhundert bis 1950. Ein bibliographisches Verzeichnis. München [u. a.] 1982.

– (Bearb.): Bibliographie zur Geschichte der deutschen Kartographie. München [u. a.] 1984.

Graphische Abbildungen sind wichtige Hilfsmittel des Historikers. Wer sich mit der politischen Geschichte eines staatlichen Gebildes beschäftigt, für den sind häufig genealogische (= familiengeschichtliche) Zusammenhänge enorm bedeutend. Er benötigt Listen von Regenten und Politikern sowie Stammtafeln bedeutender Geschlechter (›Genealogien‹). Auch Diagramme, Tabellen und Statistiken verhelfen mit ihrer graphischen Veranschaulichung zu Einsichten, die aus reinen Einzeldaten und -namen kaum zu gewinnen sind.

Ein besonderes Problem stellen verschiedene Zeitrechnungen dar. Da fast jede große Kultur einen eigenen Kalender hatte, müssen viele Daten auf unseren Kalender umgerechnet werden. Dieses Problem ist aber keineswegs nur ein historisches: Noch heute verwenden nicht nur ›exotische‹ Kulturen in anderen Kontinenten andere Zeitrechnungsmodelle, auch z. B. in Griechenland und Serbien folgt man einem anderen Kalender. Ein prominentes Beispiel für eine Umrechnung ist die russische »Oktoberrevolution«, die nach dem damals in Russland gebräuchlichen »Julianischen Kalender« am 24./25. Oktober 1917 ausbrach. Nach unserem »Gregorianischen Kalender« müsste diese Revolution eigentlich »Novemberrevolution« heißen, da sie am 6./7. November 1917 unserer Zeitrechnung stattfand. Um zu einer so genannten Synchronisation verschiedener Zeitrechensysteme zu gelangen, bedient man sich vor allem eines klassischen Standardwerks der Historischen Hilfswissenschaften: dem *Grotefend*.

Feldkamp, Michael F.: Regentenlisten und Stammtafeln zur Geschichte Europas vom Mittelalter bis zur Gegenwart. Stuttgart 2002.
Grotefend, Hermann: Taschenbuch der Zeitrechnung des deutschen Mittelalters und der Neuzeit. Hannover ¹³1991. [Zuerst 1898.]
Heupel, Aloys [u. a.]: Karten und Stammtafeln zur deutschen Geschichte. Frankfurt a. M. [u. a.] 1972.
Matz, Klaus-Jürgen: Wer regierte wann? Regententabellen zur Weltgeschichte. München ⁶2002. [Zuerst 1980.]
Spuler, Bertold [u. a.] (Bearb.): Regenten und Regierungen der Welt [»Minister-Ploetz«]. 5 Bde. Würzburg 1953–72.
Truhart, Peter: Regents of Nations. Systematic Chronology of States and their Political Representatives in Past and Present. 3 Bde. München 1984–88.
Statistical Yearbook. Hrsg. von den United Nations. Department of Economic and Social Affairs. Statistical Office. New York 1948 ff.
Statistisches Jahrbuch der Deutschen Demokratischen Republik. Hrsg. von der Staatlichen Zentralverwaltung für Statistik. 35 Bde. Berlin 1955–90.
Statistisches Jahrbuch für das Deutsche Reich. Hrsg. vom Statistischen Reichsamt. Berlin 1880–1942. [Nachdr. Hildesheim 1974.]
Statistisches Jahrbuch für die Bundesrepublik Deutschland. Hrsg. vom Statistischen Bundesamt. Stuttgart/Mainz 1952 ff.

4.2.6. Bibliographien

Als *Bibliographie* bezeichnet man ein Bücherverzeichnis. Sinn von Bibliographien ist es, Literatur zu einem bestimmten Gegenstand (z. B. die Kreuzzüge) oder einer Epoche (z. B. Zeitgeschichte) oder einer Literatursorte (z. B. Zeitschriftenliteratur) zu sammeln. Manchmal wird der Begriff ›Bibliographie‹ nicht ganz eindeutig verwendet. Wenn beispielsweise in Bezug auf eine Seminararbeit im weiteren Bedeutungssinn davon gesprochen wird, sind meistens alle Verzeichnisse zusammen gemeint (Literatur-, Quellen-, Archivalienverzeichnis). Im engeren Verständnis lässt sich ›Bibliographie‹ als Verzeichnis von sekundären Materialien gegen die *Quellenkunde* als Verzeichnis (gedruckter) Quellen abgrenzen. Den Einsatz von Bibliographien zur Suche nach Materialien für die geschichtswissenschaftliche Praxis nennt man *Bibliographieren*. Ihn gilt es nun genauer in den Blick zu nehmen.

5. Literaturrecherche im Internet und vor Ort

5.1. Bibliographische Recherche

Das historische Material kann – wie gesehen – sehr verschiedenartig und vielfältig sein. Angesichts der Materialfülle stellt sich bei vielen historischen Fragestellungen gar nicht so sehr das Problem, ob man gute Quellen und Literatur zu seinem Thema findet. Wichtiger wird vielmehr, wie man die wirklich relevanten Titel mit möglichst geringem Arbeitsaufwand aus der großen Zahl unbedeutender oder weniger wichtiger Schriften herausfischt. Den Vorgang dieser Literatursuche und Eingrenzung der Arbeitsgrundlage nennt man *Bibliographieren*.

Das Bibliographieren kann unterschiedliche Formen haben. Gerade Studienanfänger werden häufig von Lehrenden auf geeignete Literatur aufmerksam gemacht, in der sich dann wiederum Verweise auf weitere Werke zur gestellten Arbeitsaufgabe finden. Bitten um die Nennung von Literatur an Themensteller oder andere Experten zu richten ist aber auch für fortgeschrittene Historiker oft ein lohnender Weg, Hinweise (manchmal von kurzen, wertvollen Inhaltsbeschreibungen und Kritiken begleitet) auf Material zu bekommen. Vielleicht können ein Kommilitone oder eine Kommilitonin, die ein ähnliches Thema bearbeitet haben, Tipps geben, wo es sich nachzuschauen lohnt. Diese etwas detektivisch anmutende Form der Literatursuche nennt man *unsystematisches Bibliographieren*. Sie ist die Form des Bibliographierens, die bei Seminararbeiten oder Referaten im Studium dominiert. Denn hier kommt es nicht darauf an, auch noch die entlegenste Quelle oder die letzte graue Publikation gelesen zu haben; es geht nicht um Vollständigkeit der Literaturrecherche, sondern darum, ein Thema auf der Grundlage einer überschaubaren Anzahl wichtiger Titel in den Griff zu bekommen. Von dieser Form des Bibliographierens wird noch im Zusammenhang mit der Literaturrecherche im Internet zu sprechen sein (s. Kap. 5.2.).

Die ›klassische‹ Form der Literatursuche ist das *systematische Bibliographieren*. Es ist vor allem in zwei Fällen anzuwenden: Zum einen, wenn man das Gefühl hat, auf unsystematischem Weg noch nicht *den* Literaturtitel, *das* Werk gefunden zu haben, das einem für die Bearbeitung des gewählten Themas als notwendig erscheint; oder wenn die Quellen- und Literaturlage so begrenzt ist, dass sie ein wenig Verstärkung gebrauchen kann. Zum anderen sollte bei Studienabschlussarbeiten systematisch bibliographiert werden. Hier geht es – anders als bei Leistungen für Seminararbeiten etc. – auch darum, zu zeigen, dass man in der Lage ist, ein Thema hinsichtlich des Materials erschöpfend zu bearbeiten.

Zu diesem Zweck gibt es spezielle, in der Regel gedruckte *Bibliographien*. Die bekannteste Bibliographie für die Geschichtswissenschaft im deutschsprachigen Raum ist der so genannte *Dahlmann-Waitz* (eigentlich: *Quellenkunde der deutschen Geschichte. Bibliographie der Quellen und der Literatur zur deutschen Geschichte*). Er ist chronologisch aufgebaut und nach Themen bzw. nach Regionen weiter untergliedert. Da der *Dahlmann-Waitz* im 19. Jahrhundert begonnen wurde und in letzter (10.) Auflage 1965–98 (10 Bde. und 3 Reg.-Bde., hrsg. vom Max-Planck-Institut für Geschichte) erschien, dient er hauptsächlich der Suche nach älteren Quellen, die bereits vor längerer Zeit publiziert wurden. Aber auch für diesen Literaturbestand ist er keineswegs vollständig, sondern vernachlässigt andere Bereiche zugunsten des historistischen Interesses an der ›großen‹ Politik. Der schwer benutzbare *Dahlmann-Waitz* besitzt daher für effektive Recherchen nicht mehr allzu großen Wert; aber allein schon wegen seines Prestigegehalts als *das* Bücherverzeichnis der deutschen Geschichtswissenschaft sollte er zumindest einmal eingesehen werden.

Wichtiger für die praktische Arbeit sind Spezialbibliographien, die es mittlerweile (in unterschiedlichen Aktualitätsgraden) für fast alle Fachbereiche der Geschichtswissenschaft gibt. Zu finden sind diese Spezialbibliographien in den *Bibliographien der Bibliographien*. Unter dieser etwas postmodern anmutenden Bezeichnung werden solche Bücherverzeichnisse verstanden, die andere bibliographische Nachschlagewerke nach Sachgebieten verzeichnen. Die ausführlichste ›Meta-Bibliographie‹ dieses Typs ist das *Handbuch der bibliographischen Nachschlagewerke* (bearb. von Wilhelm Totok [u. a.], Frankfurt a. M. ⁶1984 [zuerst 1954]); für die Suche nach internationalen Bibliographien besser geeignet ist *A World Bibliography of Bibliographies and Bibliographical Catalogues, Calendars, Abstracts, Digests, Indexes and the Like* (hrsg. von Theodore Bestermann, 5 Bde., Lausanne ⁴1965/66 [Nachdr. München 1971]). Eine erste Übersicht über Bibliographien der Bibliographien und über Bibliographien zu einzelnen Literaturgattungen (z. B. Gert A. Zischka, *Index Lexicorum. Bibliographie der lexikalischen Nachschlagewerke*, Wien 1959 [Neudr. 1980]), Epochen (z. B. *Bibliographie zur Zeitgeschichte. Beilage der Vierteljahrshefte für Zeitgeschichte*, 1953 ff.), Regionen (z. B. *Landesbibliographie von Baden-Württemberg*, hrsg. durch die Kommission für Geschichtliche Landeskunde in Baden-Württemberg in Verb. mit den Landesbibliotheken Karlsruhe und Stuttgart, 1973 ff.; seit dem Berichtsjahr 1986 auch kostenlos im Internet) oder Sachgebieten (z. B. Hans-Ulrich Wehler, *Bibliographie zur neueren deutschen Sozialgeschichte*, München 1993) liefert das von Winfried Baumgart zusammengestellte *Bücherverzeichnis zur deutschen Geschichte. Hilfsmittel – Handbücher – Quellen* (München ¹⁵2003 [zuerst 1971]). Dieser Band gehört zu den Grundarbeitsmitteln jedes Geschichtsstudierenden und ernsthaft geschichtswissenschaftlich Interessierten und sei hiermit sehr zur Anschaffung empfohlen.

Eine weitere Unterscheidung innerhalb der Bibliographien wird zwischen *abgeschlossenen Bibliographien* und *fortlaufenden Bibliographien* getroffen. Mit Ersterem bezeichnet man Werke wie den eben erwähnten *Index Lexicorum*, der 1959 erschien und in dem demgemäß spätere Publikationen nicht mehr zu finden sind. Fortlaufende Bibliographien werden manchmal im Zusammenhang mit Zeitschriften veröffentlicht – so etwa die ebenfalls erwähnte *Bibliographie zur Zeitgeschichte*. Im Gegensatz zu abgeschlossenen Bibliographien sind sie aktueller, aber schwerer benutzbar. Wenn wir zum Beispiel Literatur zum Thema »Die Auflösung des Reichskammergerichts 1806« suchen, müssten wir jeden Jahrgang der *Jahresberichte für deutsche Geschichte* (hrsg. von Albert Brackmann und Fritz Hartung, 16 Bde., 1927–42; *Neue Folge*, hrsg. vom Zentralinstitut für Geschichte an der Akademie der Wissenschaften der DDR, Berlin 1952–89, seit 1990 hrsg. von der Berlin-Brandenburgischen Akademie der Wissenschaften), einer der bedeutendsten fortlaufenden Bibliographien in Deutschland, nach entsprechenden Stichworten durchsehen. Glücklicherweise wurde dieser mühseligen Arbeit häufig entgegengewirkt, indem Registerbände die Stichworte für mehrere Jahrgänge zusammenfassen und so die Suche beschleunigen. Im Fall der *Jahresberichte* ist zugleich auf elektronischem Weg eine Arbeitserleichterung erreicht worden: Seit 1996 erscheinen die *Jahresberichte* jährlich auch als CD-ROM. Auf diesen CD-ROMs sind nicht nur die aktuellen Einträge gespeichert; im Rahmen einer Digitalisierung des Gesamtprojekts werden darüber hinaus jeweils mehrere ältere Jahrgänge elektronisch veröffentlicht.

Leider nicht elektronisch liegen drei Bibliographien vor, deren Benutzung wichtig ist, weil sie auf nicht-selbständige Veröffentlichungen (d. h. keine Monographien, sondern Beiträge zu einem größeren Werk) bzw. auf Hochschulschriften hinweisen, die nicht immer veröffentlicht sein müssen: IBZ und IBR sind die Abkürzungen für die *Internationale Bibliographie der Zeitschriftenliteratur* und die *Internationale Bibliographie der Rezensionen*. Gerade das letzte Werk kann große Hilfen leisten – etwa dann, wenn wir wissen möchten, wie ein Titel von der Fachwelt aufgenommen wurde, und uns deshalb für Besprechungen (Rezensionen) über ihn interessieren (s. Kap. 4.2.4.). Dissertationen und Habilitationen führt das *Hochschulschriftenverzeichnis* auf, das wie IBR und IBZ in Jahresbänden fortgesetzt wird. Es leistet gerade für ältere Zeiten wertvolle Dienste, in denen (meist viel kürzere) Dissertationen nicht so oft veröffentlicht wurden, wie dies heute der Fall ist.

Internationale Bibliographie der Zeitschriftenliteratur. Abt. A: Bibliographie der deutschsprachigen Zeitschriftenliteratur. Abt. B: Bibliographie der fremdsprachigen Zeitschriftenliteratur. Abt. C.: Bibliographie der Rezensionen und Referate. Osnabrück 1896 ff. [Abt. A und B seit 1965 unter dem Titel: *Internationale Bibliographie der Zeitschriftenliteratur aus allen Gebieten des Wissens*; Abt. C 1943 eingestellt, seit 1971 neu unter dem Titel: *Internationale Bibliographie der Rezensionen wissenschaftlicher Literatur*, auch als CD-ROM und kostenlos im Internet.]

Jahresverzeichnis der deutschen Hochschulschriften. Leipzig 1885–1990. [Seit 1970 unter dem Titel: *Jahresverzeichnis der Hochschulschriften der DDR, der BRD und Westberlins.*]

Bibliographien können noch in anderer Weise wichtig sein. Manchmal findet sich in einer Literaturangabe der Hinweis auf ein Werk, dessen Titel so interessant erscheint, dass man es selbst einmal ausleihen möchte. Mitunter lässt sich dieses Werk aber nirgends finden, weil die Titelangabe nicht ganz korrekt war. In diesem Fall haben wir die Möglichkeit, in einer umfassenden Bibliographie nach dem Verfasser (oder einem Stichwort) zu suchen, um den korrekten Titel festzustellen. Ähnlich können wir auch vorgehen, wenn wir kontrollieren wollen, ob es von einem Autor, von dem uns ein Werk bekannt ist, noch weitere Titel zum selben Thema gibt. Wichtige Hilfeleistungen bei solchen Recherchen für die deutschsprachige Literatur seit 1700 leistet dabei das *Gesamtverzeichnis des deutschsprachigen Schrifttums* (GV), das den Anspruch erhebt, alle Verlagsschriften aus Deutschland, Österreich und der Schweiz seit 1700 aufzulisten. Da das GV nach Verfassern geordnet ist, lassen sich hier gute Überblicke über das Œuvre wissenschaftlicher Autoren gewinnen und korrekte (zitierfähige) Literaturangaben ermitteln. Ähnliches lässt sich auch durch die Benutzung von Bibliothekskatalogen bewerkstelligen, in denen man die unter dem Verfassernamen aufgelisteten Werke findet (s. Kap. 5.3.2.). Gleichwohl ist die *systematische* bibliographische Recherche mit dem GV oder ähnlichen Hilfsmitteln gründlicher und sicherer; Bibliothekskataloge sind nicht vollständig, und es wimmelt von Schreibfehlern und falschen Angaben.

Baumgart, Winfried (Hrsg.): Quellenkunde zur deutschen Geschichte der Neuzeit von 1500 bis zur Gegenwart. 7 Bde. Darmstadt 1977–2001.

Deutsche Bibliographie. Fünfjahresverzeichnis. Hrsg. von der Deutschen Bibliothek, Frankfurt am Main. Frankfurt a. M. 1953 ff.

Internationale Bibliographie der Geschichtswissenschaften. Hrsg. vom International Committee of Historical Sciences. München 1926 ff.

Meyer, Gerhard: Wege zur Fachliteratur: Geschichtswissenschaft. München [u. a.] 1980.

5.2. Recherchieren im Internet

Es gibt Titel, die sich besser im Internet finden lassen als in Bibliographien oder Bibliothekskatalogen: die Neuerscheinungen. Durch die Dauer der Registration bzw. Inventarisierung und den Erscheinungsrhythmus (bei Bibliographien) können mitunter Jahre vergehen, bis neue Titel in die Verzeichnisse aufgenommen werden. Um sicher zu gehen, dass von dem Werk, mit dem man gern arbeiten möchte, nicht jüngst eine überarbeitete Neuauflage erschienen ist, die die zur Verfügung stehende ältere Auflage als überholt erscheinen lässt, ist es ratsam, einen Blick in das *Verzeichnis lieferbarer Schriften* (VLB) zu werfen, das im Internet auf den Seiten des (Deutschen) Buchhandels angeboten wird. Hier lässt sich in einer Suchmaske ähnlich der von elektronischen Bibliothekskatalogen nach Autorennamen, Titelstichwörtern, Reihen, Erscheinungsjahren oder Verlagen recherchieren. Das VLB, das es auch gedruckt gibt, ist nicht vollständig, führt aber die lieferbaren Titel aller im Börsenverein des deutschen Buchhandels organisierter Verlage. Hier kann man beispielsweise auch schauen, ob von einem Verfasser in letzter Zeit etwas Neues erschienen ist oder ob ein Werk, das in einem Buch mit der Angabe »im Druck« oder »erscheint voraussichtlich …« zitiert war, inzwischen publiziert wurde.

Als weitere Form systematischen Bibliographierens im Internet ist mittlerweile auch die Arbeit mit einigen Bibliographien online möglich: An der Universität Klagenfurt etwa wird die *Österreichische Historische Bibliographie*, ein Verzeichnis von österreichischen Monographien, Bibliographien, Sammelwerken, Zeitschriften und Periodika seit 1945, unterhalten. Die Benutzung dieses Dienstes ist im Gegensatz zu anderen Bibliographien im Netz ohne (kostenpflichtige) Anmeldung möglich. Bei der Benutzung von Internetbibliographien wie auch bei anderen Webpages sollte man auf das Datum der letzten Aktualisierung achten, da viele ›Textleichen‹ im Internet begraben sind.

Die große Leistung des Internets für die Quellen- und Literaturrecherche besteht in der Benutzung von elektronischen Bibliothekskatalogen, den OPACs (*Online Public Access Catalogues*), auf die in Kap. 5.3.2. näher hingewiesen ist, und vor allem in der unsystematischen Suche. Mehr noch als bei gedruckten Bibliographien stellt sich im

Internet das Problem der Überfülle an Informationen. Es kommt also darauf an, das gewünschte Ziel möglichst präzise zu definieren. Gerade bei der Arbeit mit Suchmaschinen führen Eingaben wie »Katharer«, »Geschlechtergeschichte« oder »Marius und Sulla« zu Tausenden von Treffern. Besser sind weitere Einschränkungen wie zum Beispiel »Katharer Bibliographie« oder »Katharer Literatur«, wenn man Material über diese mittelalterliche Ketzerbewegung finden möchte. Bei diesem Beispiel wird man sofort auf eine Seite geleitet, auf der sowohl viele Quellen als auch neuere Sekundärliteratur zu finden ist. Dennoch ist diese Seite ein Beispiel dafür, dass Informationen aus dem Netz mit Vorsicht verwandt werden sollten. Zwar ist die angegebene Literatur auf dem Stand der Forschung, doch erfährt der Benutzer nichts über den Betreiber der Webpages. Stehen hinter der Präsentation vielleicht religiöse Gruppen mit bestimmter Tendenz? Werden nur Titel von Vertretern bestimmter Forschungsauffassungen genannt? Solche wichtigen informationskritischen Fragen müssen bei Internetrecherchen stets berücksichtigt werden.

Relativ einfach einzugrenzen ist die Suche nach Personen, die sich mit Nennung aller Vornamen und der Lebensdaten leicht konkretisieren lässt. Die Suche nach lebenden Personen ist dabei besonders für eine kritische Einschätzung von Werken förderlich. So gut wie alle Lehrenden und wissenschaftlichen Bediensteten an öffentlichen Institutionen sind mittlerweile mit Homepages im Netz vertreten; ein Blick auf ihre Veröffentlichungsverzeichnisse, Lebensläufe und Forschungsschwerpunkte erleichtert manchmal die kritische Einschätzung ihrer Arbeit. Auch die Ortsrecherche zeitigt recht schnell Ergebnisse, da fast alle Gemeinden heute mit einer eigenen Homepage im Internet vertreten sind, von denen aus Links (etwa zu lokalen Geschichtswerkstätten und Museen) weiterführen.

Wichtig sind auch die Homepages von Universitäten, anderen akademischen Einrichtungen und wissenschaftlichen Gesellschaften, die nicht nur Informationen über einzelne Personen und deren Arbeit beinhalten, sondern häufig auch – im Rahmen von Seminarmaterialien – Literaturlisten oder Beschreibungen sowie Bibliographien zu bestimmten Projekten. Eine Übersicht über historische Institute an Hochschulen, über Verbände, Akademien, außeruniversitäre Einrichtungen, historische Gesellschaften und Kommissionen, Arbeitskreise, Arbeitgemeinschaften, Stiftungen, Geschichtsvereine, Bibliotheken, Archive, Museen, Gedenkstätten, Schlösser, Verlage, Zeitschriften, landsmannschaftliche Vereinigungen und Stätten der Denkmalpflege findet man im *Vademekum der Geschichtswissenschaften*. Dieses wichtige Hilfsmittel, das alle zwei Jahre neu erscheint, wird zwar selbst noch nicht online angeboten. Es enthält aber neben Adressen von Einrichtungen, Kurzlebensläufen und (Privat- und Dienst-)Anschriften aller in diesen Institutionen tätigen Historiker auch Verweise auf die betreffenden öffentlichen und privaten Homepages und ist damit ein nützliches Einstiegswerk für die Onlinerecherche.

Doch das Internet leistet nicht nur über Bibliotheks- und Buchhandelsrecherche sowie über die Arbeit mit Suchmaschinen nützliche Dienste. Ebenso wichtig ist das Navigieren auf den Homepages wissenschaftlicher Einrichtungen. Für die Geschichtswissenschaft gibt es derzeit mehrere große *Fachportale*: Das an der Humboldt-Universität Berlin betriebene Netzwerk *Clio-online* veröffentlicht regelmäßig Hinweise auf Internetseiten, die von Historikern erstellt wurden oder für Historiker von besonderem Interesse sind. Von großer Bedeutung sind auch das ebenfalls an dieser Berliner Universität betriebene Netzwerk *H-Soz-u-Kult* und das von der Ludwig-Maximilians-Universität München betreute *historicum.net*. Daneben existieren weitere Netzwerke für einzelne Fachbereiche (z. B. Frühe Neuzeit, Wissenschaftsgeschichte) oder Regionen (z. B. Ruhrgebiet), die ebenfalls ein ausgedehntes Serviceprogramm anbieten. Kern der Dienstleistungen von historischen Netzwerken ist die Anzeige neu erschienener Literatur und deren Besprechung. Da Onlinerezensionen nicht den räumlichen Begrenzungen gedruckter Äquivalente unterworfen sind, sind sie häufig ausführlicher (was nicht immer ein Vorteil ist); zudem sind sie durch den Wegfall der Drucklegung meist auch aktueller (s. Kap. 4.2.4.). Als weiteren Service liefern Netzwerke Ankündigungen und Besprechungen von Tagungen, vermitteln Gastunterkünfte für Bibliotheks- und Dienstreisen, haben Jobbörsen, stellen (in Ausnahmen) Fachaufsätze zur Verfügung und dienen als Forum für wissenschaftliche Diskussionen. Einen besonderen Service bietet außerdem der *Nachrichtendienst für Historiker*, der neben vielen anderen bereits erwähnten Leistungen die großen deutschen und einige internationale Zeitungen auf Beiträge zur Geschichte durchsucht und ebenfalls als Newsletter mit täglichem Informations-E-Mail abonniert werden kann.

Fachportale und Netzwerke helfen dem Nutzer, immer auf dem aktuellen Stand der Geschichtswissenschaft zu bleiben. Daher ist es Studierenden und fachlich Interessierten sehr zu raten, sich als »Abonnent« der großen Onlinejournale und möglicherweise auch interessanter kleinerer Anbieter registrieren zu lassen – auch wenn dies mit vielen E-Mails verbunden ist, die teilweise ungelesen in den Papierkorb wandern.

Biste, Bärbel / Hohls, Rüdiger (Hrsg.): Fachinformation und EDV-Arbeitstechniken für Historiker. Einführung und Arbeitsbuch. Köln 2000. (Historical Social Research / Historische Sozialforschung. An International Journal for the Application of Formal Methods to History. Suppl. 12.)

Baumgartner, Peter / Payr, Sabine: Studieren und Forschen mit dem Internet. Innsbruck [u. a.] 2001.

Grosch, Waldemar: Geschichte im Internet. Tipps, Tricks und Adressen. Schwalbach 2002.
Hehl, Hans: Die elektronische Bibliothek. Literatur- und Literaturbeschaffung im Internet. München 1999. [²2001.]
Jenks, Stuart / Marra, Stephanie (Hrsg.): Internet-Handbuch Geschichte. Köln [u. a.] 2001.

5.3. Benutzung von Bibliotheken

5.3.1. Bibliothekstypen

Die Arbeit in Bibliotheken ist ein Kernstück der Tätigkeit von Historikern. Häufig ist schon die Suche nach der richtigen Bibliothek mitentscheidend für den Erfolg einer Literaturrecherche. Historiker arbeiten nicht nur in den Bibliotheken der Universität, sondern nutzen auch Buchbestände anderer Institutionen wie zum Beispiel Stadtbüchereien, Staats- und Landesbibliotheken, Gemeinde- und andere kirchliche Bibliotheken, Bibliotheken von Stiftungen, Vereinen, Akademien, wissenschaftlichen Gesellschaften oder Museen. An den Universitäten gibt es in der Regel zwei Formen von Bibliotheken: eine *Zentral-* oder *Universitätsbibliothek* und *Fachbereichs-* oder *Institutsbibliotheken*. Bei kleineren Fakultäten ist es möglich, dass die Bereichsbibliothek räumlich in der Universitätsbibliothek untergebracht ist.

Institutsbibliotheken gehören normalerweise zum Typus der *Freihandbibliothek*, das heißt die Bücher sind hier frei zugänglich aufgestellt. Ausnahmen bilden »Sperrschränke«, wo Bücher aufgrund besonderer Schutzbedürftigkeit, wie hohes Alter, kostbarer Einband, wertvolle Illustrationen, oder wegen ihres sittenwidrigen oder politisch radikalen Inhalts nur nach vorheriger Bestellung eingesehen werden dürfen. Ausgenommen von der Freihandbenutzung sind meist auch Medien wie CD-Roms, Mikrofiches oder Mikrofilme, die an der Information oder an speziellen Ausgabeschaltern abgeholt werden müssen. Die Freihandbibliothek hat zwei große Vorteile: Zum einen kann man in ihr einen schnellen Blick in Bücher werfen, um zu prüfen, ob sie im jeweiligen Fall von Interesse sind. Zum anderen stehen Bücher in Freihandbibliotheken nach bestimmten Ordnungen gruppiert. Historische Bibliotheken folgen häufig der Unterteilung in Historische Fachbereiche (s. Kap. 3.2.), so dass zum Beispiel Bücher zur Geschichte Osteuropas meist an einem Ort zu finden sind. Auch die weitere Unterteilung ist systematisch und mitunter an der Chronologie ausgerichtet, so dass sowohl Quellen als auch Sekundärliteratur etwa zur Oktoberrevolution in vielen Fällen in enger Nähe untergebracht sind. Wer in Freihandbibliotheken nach einem Buch zu seinem Thema sucht, findet mit einem Blick links und rechts von dessen Stellplatz weitere nützliche Werke. Freihandbibliotheken haben aber auch Nachteile: Erstens werden Bücher häufiger gestohlen oder an falschen Plätzen eingestellt als in Magazinbibliotheken; zweitens sind Institutsbibliotheken mit freihändiger Benutzung fast ausschließlich *Präsenzbibliotheken*: Man darf die Bücher hier also lesen (und kopieren), man darf sie aber nicht ausleihen.

Den Vorteil der Ausleihbarkeit und kürzerer Verlustlisten infolge von Diebstahl haben *Magazinbibliotheken*, zu denen die meisten Universitätsbibliotheken zählen. Die Bücher können hier ausschließlich bestellt werden – entweder durch Ausfüllen eines Bestellscheins, der in den Bibliotheken zu erhalten ist oder durch Ausfüllen eines elektronischen Bestellformulars, sofern der Bibliothekskatalog digitalisiert ist. Die Dauer des Beschaffungsvorgangs ist bibliotheksabhängig; sie schwankt zwischen wenigen Stunden und ein paar Tagen; in seltenen Fällen, zum Beispiel wenn Bücher aus einem Außenmagazin herangeschafft werden müssen, ist die Beschaffungsfrist noch länger. Viele Universitätsbibliotheken sind insofern keine reinen Magazinbibliotheken, als sie über kleinere *Präsenzbereiche* verfügen, in denen »Lehrmittelsammlungen« – also wichtige Lehrbücher – und andere Grundlagenwerke (Bibliographien, Lexika, Wörterbücher) sowie aktuelle Ausgaben bedeutender Zeitungen und Zeitschriften ausliegen, aber nicht ausgeliehen werden können.

5.3.2. Struktur wissenschaftlicher Bibliotheken

Hinter einer Bibliothek steht ein aufwendiger Verwaltungsapparat mit einem Direktor oder einer Direktorin an der Spitze, zuständigen Personen für den Buchankauf, für die Vergabe der Buchsignaturen, für Restaurierung, Buchausgabe etc. Nur mit wenigen dieser Stellen hat der Benutzer zu tun. Damit man einen Eindruck vom Aufbau der jeweiligen Bibliothek und ihren Möglichkeiten erhält, empfehlen sich *Bibliotheksführungen*, die in der Regel von Bediensteten der Bibliothek, aber (an Universitäten) auch von den einzelnen Fachschaften angeboten werden. Sie bieten eine Einführung in die Handhabung von Katalogen, anderen Recherchemitteln und technischen Gerätschaften (z. B. Lesegeräten für Mikrofilme) und sind damit eine wichtige Voraussetzung für die effektive Nutzung einer Bibliothek.

Der wichtigste Anlaufpunkt für den Erstbesuch in einer Bibliothek ist die Information bzw. die *Anmeldung*. Das Lesen ist in vielen Bibliotheken auch ohne Benutzerausweis möglich, der aber notwendige Voraussetzung für das Ausleihen von Büchern und Medien ist. Beim Zutritt zu Institutsbibliotheken wird unter Umständen die Vorlage des Studierendenausweises oder (bei Bibliotheken anderer Fakultäten) einer *Hörerkarte* erwartet. Sofern für die Ausstellung dieser Benutzungsberechtigung nicht die Anmeldung in der Bibliothek zuständig ist, wird die Hörerkarte von Geschäftszimmer, Studiensekretariat o. Ä. der Fakultät (des betreffenden Instituts bzw. Seminars) ausgestellt. In Universitäts- und Institutsbibliotheken bieten das Bibliothekspersonal oder die Fachschaften Einführungsrundgänge an; diese Einführungen sind sehr empfehlenswert, um einen Überblick über das Funktionieren der Bibliothek zu bekommen und Feinheiten im Ablauf von Lese- und Leihverkehr zu entdecken. Für Nachfragen in diesen Dingen steht natürlich auch die Information zur Verfügung, bei der man häufig mehr als rein formale Auskünfte erhalten kann, da das Bibliothekspersonal sehr oft aufgrund von Ausbildung und Erfahrung über fachliche Kompetenzen verfügt und hilfreiche Tipps geben kann.

Der zentrale Punkt in Bibliotheken ist der *Bibliothekskatalog*. An seiner Form lässt sich am deutlichsten der Modernisierungsstand einer Bibliothek ablesen. Zu beachten gilt dabei, dass von den verschiedenen Katalogformen häufig mehrere Varianten in einer Bibliothek existieren können (z. B. Literatur vor 1980 als Papierkartei, Literatur danach in elektronischer Version). Außerdem muss man darauf achten, ob der Bestand einer Bibliothek nicht auf mehrere Kataloge verteilt ist, etwa indem ein gesonderter Zeitschriftenkatalog oder Katalog der Hochschulschriften aus dem Gesamtkatalog ausgegliedert wurde.

Der traditionelle Katalog ist eine Sammlung von Karteikarten, auf denen der Buchbestand verzeichnet ist. Diese Form des Katalogs ermöglicht die Suche nach Autoren. Mitunter existieren zusätzlich Stichwortkataloge. Eine Weiterentwicklung des Papierkatalogs war dessen Verfilmung. In manchen Bibliotheken stehen daher Lesegeräte für Kataloge auf Mikrofiche oder Mikrofilm bereit, die ebenfalls die Autorrecherche, seltener allerdings Stichwortsuchen gewährleisten. Wesentlich ausgedehntere Suchen wurden durch die Digitalisierung der Kataloge (zumindest der größeren Bibliotheken) seit den 1980er Jahren möglich. Bibliotheken auf diesem Stand verfügen über einen Computerpool, der über ein Intranet die Arbeit am elektronisierten Katalog erlaubt. Diese Katalogform lässt Recherchen auch nach Titelstichworten, Suchbegriffen, Erscheinungsjahren und Medientypen zu. Eine Weiterentwicklung seit den 1990er Jahren stellt der Onlinebetrieb von Katalogen dar. Dieser gewährt nicht nur die Recherche (und Bestellung) von Büchern außerhalb der Bibliothek, sondern vernetzt auch verschiedene Bibliotheken. Das für Deutschland zur Zeit umfangreichste Verzeichnis von Bibliothekskatalogen ist der *Karlsruher Verbundkatalog* (KVK). In ihm sind die Bestände der großen deutschen Bibliotheken sowie führender ausländischer Institutionen verzeichnet.

Der KVK ist besonders dann lohnend, wenn ein gesuchter Titel in einer bestimmten Bibliothek nicht gefunden werden kann. In diesem Fall kann man im KVK kontrollieren, ob wir nach einer falschen Angabe gesucht haben oder ob der Band lediglich in unserer Bibliothek fehlt. Ist Letzteres der Fall und keine andere Bibliothek in Reichweite, die der KVK als im Besitz eines Exemplars unseres gesuchten Buchs ausweist, dann müssen wir eine *Fernleihe* in Auftrag geben. Fernleihen sind nur möglich, wenn ein Buch in der besuchten Bibliothek nicht vorhanden ist, nicht, wenn es von einem anderen Benutzer ausgeliehen wurde (in diesem Fall müssen wir eine *Vormerkung* vornehmen, die uns als nächsten Ausleiher nach Rückgabe des Bands registriert). Eine weitere Voraussetzung ist die Existenz des Werks, die der Benutzer – in seltenen Fällen auch das Bibliothekspersonal – nachweist, indem er das Buch im Bestand anderer Bibliotheken aufzeigt. Fernleihen werden auch heute noch häufig schriftlich ausgeführt. Hierzu gibt es standardisierte (rosa) Bestellzettel, auf die die vollständigen Angaben des benötigten Buchs oder Buchteils (Aufsatz, Kapitel) sowie Benutzernummer und -name eingetragen werden müssen. Ein ähnlich strukturiertes Formular findet sich auch bei Bibliotheken mit der Möglichkeit zur Onlinefernbestellung. Bei der Fernbestellung von Aufsätzen oder Buchteilen besteht die Möglichkeit, sich anstelle von Kopien eine elektronische Fassung per Mail senden zu lassen. Fernleihen sind – wie Vormerkungen – meist gebührenpflichtig; hinzu können Porto- und Kopierkosten kommen.

Enderle, Wilfried: Bibliotheken. In: Aufriß der Historischen Wissenschaften. Hrsg. von Michael Maurer. Bd. 6: Institutionen. Stuttgart 2002. S. 214–315.

Grund, Uwe / Heinen, Armin: Wie benutze ich eine Bibliothek? Basiswissen – Strategien – Hilfsmittel. München ²1996. [Zuerst 1995.]

Hacker, Rupert: Bibliothekarisches Grundwissen. München ⁷2000. [Zuerst 1972.]

Jele, Harald: Wissenschaftliches Arbeiten in Bibliotheken. Einführung für Studierende. München [u. a.] ²2003. [Zuerst 1999.]

Krieg, Werner: Einführung in die Bibliothekskunde. Darmstadt ²1990. [Zuerst 1982.]

5.4. Benutzung von Archiven

Für viele Historiker ist ein Historiker, der nicht im Archiv arbeitet, kein ›richtiger‹ Historiker, weil für sie ausschließlich die Arbeit mit Primärquellen im Zentrum geschichtswissenschaftlicher Tätigkeit steht. Und in der Tat ist das Archiv neben dem Schreibtisch und der Bibliothek ein zentraler Arbeitsplatz des Historikers. Hier findet er unveröffentlichte, im Glücksfall auch bislang unbearbeitete oder gar unentdeckte Quellen, deren Auswertung neue Ergebnisse und Einsichten versprechen. In vielen Punkten überschneiden sich Bibliothek und Archiv: Beide können in öffentlicher wie in privater Trägerschaft sein, beide erfassen, katalogisieren, verwahren und konservieren Quellenbestände und stellen sie der Forschung bereit. Während mitunter in der Bibliothek auch Handschriften und anderes ungedrucktes Material zu finden sind, verfügen Archive im Gegenzug hin und wieder über (gedruckte) Buchbestände.

Das Archiv ist ursprünglich ein Aufbewahrungsort für *Verwaltungsschriftgut* aus einem geographisch eingegrenzten Raum (z. B. Landeskirchen-, Stadt-, Bundesarchiv). In ihm finden sich *Akten, Urkunden* und *Amtsbücher,* neuerdings auch *elektronische Datenträger.* Außerdem gibt es in Archiven (Kataster-, Grenz-)Karten, Ton- und Bildgut; manche Archive haben sich sogar auf Letzteres spezialisiert, wie etwa die Archive der Rundfunk- und Fernsehanstalten. In Ausnahmefällen sind Archive nur für einen eingeschränkten Benutzerkreis angelegt, zum Beispiel bei Behörden mit Geheimhaltungspflicht oder bei Krankenhäusern, die in hauseigenen Archiven Krankenakten und Röntgenbilder verwahren.

5.4.1. Typen des Archivs

Eckhart G. Franz unterscheidet in seiner *Einführung in die Archivkunde* (Darmstadt ⁵1999 [zuerst 1974]), die einen praktischen Einstieg für Erstbenutzer eines Archivs gibt, acht verschiedene Trägerschaften von Archiven:
1. *Staatsarchive.* Sie sind oft aus den Hofarchiven der europäischen Königshäuser hervorgegangen und verwalten Akten von nationaler Bedeutung. In föderal organisierten Ländern wie der Bundesrepublik ist es nie zur Ausbildung großer zentraler Staatsarchive gekommen. Hier existieren in den einzelnen Bundesländern eigene Staatsarchive zur jeweiligen Landesgeschichte. Darüber hinaus gibt es seit 1952 das *Bundesarchiv* in Koblenz, dem das *Zentrale Staatsarchiv der DDR* als Abteilung Potsdam integriert wurde. Ebenfalls im Rang eines Staatsarchivs befindet sich das *Geheime Staatsarchiv Stiftung Preußischer Kulturbesitz in Berlin*, dem seit der Wiedervereinigung auch frühere Bestände der Abteilung Merseburg des Zentralen Staatsarchivs der DDR eingegliedert sind.

Die Bestände der Stiftung Archiv der Parteien und Massenorganisationen der DDR im Bundesarchiv. Bearb. von Elrun Dolatowski [u. a.]. Berlin 1996.

Das Bundesarchiv und seine Bestände. 3. Aufl. bearb. von Gerhard Granier [u. a.]. Boppard 1977. [Eine aktualisierte Übersicht über die Bestände des Bundesarchivs befindet sich auf dessen Homepage kostenlos im Internet.]

2. *Stadtarchive*. Materialien von kommunalen Belangen sind in Stadtarchiven untergebracht. Abhängig von Größe und Geschichte der Stadt kann die Ergiebigkeit eines Stadtarchivs äußerst unterschiedlich sein. Während in manchen kleinen Gemeinden kein eigener Archivar für die Verwaltung der Bestände angestellt ist, können die Archive großer Städte und vor allem ehemaliger Reichsstädte äußerst umfangreich sein. Ein Beispiel dafür, dass auch heute relativ unbedeutende Gemeinden interessante Archive haben können, ist Nördlingen im Ries, das aufgrund seiner Geschichte als Reichsstadt und seiner Bedeutung für die konfessionellen Kriege der Frühen Neuzeit wesentlich mehr Material gesammelt hat als größenmäßig vergleichbare Gemeinden ohne diese Vergangenheit.

3. *Kirchliche Archive*. Viele der Unterlagen, die zunächst in kirchlichen Archiven zu vermuten wären, sind in Staatsarchiven zu finden; die Staatskirchlichkeit des Protestantismus in einigen deutschen Staaten, die Säkularisierung von kirchlichen (katholischen) Einrichtungen (z. B. Klöster) und die Aufhebung der geistlichen Territorialstaaten nach 1803 ließen viele kirchliche Quellen dorthin gelangen. Die großen katholischen *Diözesanarchive* und die protestantischen *Archive der Landeskirchenämter* haben darum einen deutlichen Schwerpunkt an Materialien aus dem 20. Jahrhundert. Neben diesen großen kirchlichen Archiven existieren weitere Einrichtungen auf der Ebene der Kirchenkreise und Pfarreien. Auch die restituierten Klöster und Abteien haben neue Archive aufgebaut.

Schwieriger als bei den großen christlichen Konfessionen ist die Sichtung jüdischer Quellen. In der Zeit des Nationalsozialismus wurde das *Gesamtarchiv der deutschen Juden* geschlossen, große Bestandteile wurden vernichtet. Unterlagen zur Geschichte der Juden in Deutschland sind daher versprengt in staatlichen und kommunalen Archiven zu finden oder in den Archiven der jüdischen Gemeinden, zum Teil sind sie übergegangen in das *Zentralarchiv für die Geschichte der Juden* in Jerusalem.

Henning, Eckart / Wegeleben, Christel: Kirchenbücher. Bibliographie gedruckter Tauf-, Trau- und Totenregister sowie der Bestandsverzeichnisse im deutschen Sprachgebiet. Neustadt an der Aisch 1991.

4. *Kulturarchive*. Meist in öffentlicher Trägerschaft stehen auch Kulturarchive, die häufig Überlassenschaften von Institutionen und Privatpersonen verwahren. Zu den Kulturarchiven zählen u. a. die *Universitätsarchive* und *Archive der Akademien* der Künste und der Wissenschaften. Das bedeutendste Literaturarchiv in Deutschland ist das *Deutsche Literaturarchiv* in Marbach/Neckar, das Schriftgut von vielen Autoren – nicht ausschließlich belletristischer Texte – besitzt.

Kussmaul, Ingrid: Die Nachlässe und Sammlungen des Deutschen Literaturarchivs Marbach. Ein Verzeichnis. Marbach ³1999. [Zuerst 1983; als »Hyperkuss« kostenlos im Internet.]

5. *Medienarchive*. Ton-, Bild- und Filmdokumente finden sich in Medienarchiven. Diese können öffentlich finanziert sein, wie die Archive der staatlichen Fernseh- und Radiosender oder das *Deutsche Rundfunkarchiv* in Frankfurt am Main, oder privat, wie zum Beispiel das (Firmen-)Archiv des Springer-Konzerns in Hamburg. Selbstverständlich haben diese Archive auch Schriftdokumente aus der Mediengeschichte.

6. *Verbands-, Partei- und Stiftungsarchive.* Auf verschiedenen regionalen (Bund-, Länder-, Gemeinde-)Ebenen verfügen auch die politischen Parteien, Gewerkschaften und Stiftungen öffentlichen Rechts über Archive. Das hier verwahrte Material umfasst nicht nur Produkte der Verwaltung, sondern auch Werbe- und Plakatmaterial aus Wahl- und Arbeitskämpfen, zu Ausstellungen und politischen Veranstaltungen. Es finden sich ebenfalls Ton- und Bilddokumente.

Inventar zu den Nachlässen der deutschen Arbeiterbewegung. Für die zehn westdeutschen Länder und West-Berlin. Bearb. von Hans-Holger Paul. München [u. a.] 1993.

7. *Wirtschaftsarchive.* In Deutschland meist auf Länderebene angesiedelt sind die Wirtschaftsarchive. Sie umfassen Quellen zum regionalen Strukturwandel, zur ökonomischen Entwicklung und zu deren politischen Rahmenbedingungen. Neben diesen häufig von Industrie- und Handelskammern getragenen Einrichtungen verfügen diese Kammern ebenso wie Innungen und Genossenschaften oft noch über eigene Archive von begrenzter Materialreichweite. Zu den Wirtschaftsarchiven zählen auch *Firmenarchive*, die z. T. bedeutende Bestände haben. Besonders große Konzerne wie die Stahl- und Montanunternehmen, die Schiffsbaubetriebe, Automobilbau- und Technologiefirmen verfügen über ausgedehnte und inzwischen auch oft in Firmengeschichten verarbeitete Bestände.

Eyll, Klara van [u. a.] (Hrsg.): Deutsche Wirtschaftsarchive. Nachweis historischer Quellen in Unternehmen, Körperschaften des öffentlichen Rechts (Kammern) und Verbänden der Bundesrepublik Deutschland. 3 Bde. Wiesbaden ³1994. [Zuerst 1987–91.]

8. *Privatarchive.* Prinzipiell steht es jedem frei, sein eigenes Archiv zu gründen. Von öffentlichem Interesse werden diese Archive allerdings nur sein, wenn bedeutende Leistungen von der betreffenden Person bzw. der Fa-

milie ausgegangen sind, zu der Materialien gesammelt wurden. Zu den nennenswerten Privatarchiven zählen vor allem die *Herrschafts- und Adelsarchive*, in denen Dokumente aus der Zeit politischer Einflussnahme der Geschlechter verwaltet werden. Wenngleich das Schriftgut vieler Aristokratenfamilien im Lauf der Zeit in den Besitz der Staats- oder regionaler Archive gelangt ist, führen doch manche großen Häuser noch heute wichtige Hausarchive, so etwa die Wittelsbacher in München.

5.4.2. Anmeldung und Anfrage

Anders als bei Bibliotheken empfiehlt sich bei vielen Archiven eine (meist schriftliche) Voranmeldung. Da die Arbeitsplätze in Archiven beschränkt sind (z. B. begrenzte Anzahl von Lesegeräten für Mikrofilme) und der Zeitaufwand des Archivars auf den einzelnen Benutzer gerechnet recht hoch ist, empfiehlt es sich, möglichst früh vor Beginn der Forschungen Anfragen an ein Archiv zu richten. Archive stehen prinzipiell nicht nur Vertretern von Institutionen zur Benutzung offen, sondern auch Privatpersonen. Gleichwohl ist es möglich, dass bei der Anmeldung eines Benutzungswunschs in einem Archiv das Thema bzw. der Typ (Seminararbeit, Dissertation, Forschungsaufsatz etc.) einer Arbeit genannt werden muss. Manchmal werden Empfehlungsschreiben akademischer Lehrer oder Institutionen vorausgesetzt. Überhaupt verfügen fast alle Archive über besondere Anmeldeformulare, die vorab auszufüllen sind. Um dies zu klären, ist es sinnvoll, die Formalitäten rechtzeitig per Telefon oder über die Präsentation im Internet zu regeln, die bei vielen Archiven mittlerweile vorzüglich ist.

Ebenfalls schriftlich lassen sich nicht nur Benutzungsanmeldungen stellen, sondern auch *Anfragen* bzw. *Recherchen*. In der Regel sind Archive nämlich durchaus bereit, Detailinformationen mitzuteilen. Wenn also zum Beispiel für eine Arbeit über »Die Professoren der Universität XY während des Nationalsozialismus« eine Angabe darüber benötigt wird, ob ein bestimmter Professor während dieser Zeit an der betreffenden Universität gelehrt hat, so kann ein (vielleicht zeit- und kostenaufwendiger) Besuch des zuständigen Universitätsarchivs möglicherweise durch eine Anfrage dort umgangen werden. Meist bekommt man auf eine solche Anfrage innerhalb kurzer Zeit per Mail oder Briefpost die Auskunft des zuständigen Archivars mit den betreffenden Daten. Hierbei ist allerdings zweierlei zu beachten: Zum einen sind Archive zwar Dienstleistungseinrichtungen, gleichwohl sind sie nicht dazu da, die Arbeit anderer zu erledigen. Soll heißen: Wenn – um im gewählten Beispiel zu bleiben – für die Universität XY zum Beispiel Vorlesungsverzeichnisse aus der Zeit des Nationalsozialismus existieren, aus denen ersichtlich ist, ob der betreffende Professor gelehrt hat, sollte die Information auf diesem Weg gewonnen werden. Erst wenn alle zur Verfügung stehenden Mittel ausgeschöpft sind, sollte man Archivanfragen stellen. Zum anderen sind Archive personell chronisch unterbesetzt; die Anfrage muss daher dem Kriterium eines noch vertretbaren Arbeitsaufwands für den Archivar entsprechen. Das tut sie dann nicht, wenn sie zu umfangreich ist (etwa wenn nach den Lehrveranstaltungen einer ganzen Fakultät während des Nationalsozialismus gefragt wird). Bei größeren Recherchen sollte das Archiv selbst, nicht der Archivar als Mittelsmann, konsultiert werden. Dem Kriterium des vertretbaren Arbeitsaufwands entsprechen Anfragen auch dann nicht, wenn sie zu unspezifisch formuliert sind. Man kann zwar mit der recht unspezifischen Frage an Archive herantreten, ob zu diesem oder jenem Thema oder einer Person Material zu finden ist, aber man darf nicht erwarten, dass das Archiv die Materialsuche im Einzelnen übernimmt oder das Material gar auswertet. Generell gilt also bei Anfragen, dass sie erstens freundlich formuliert sein sollten, zweitens kurze Angaben zur eigenen Person und zu Art und Ziel der angestrebten Untersuchung enthalten, drittens dem Archivar Hinweise geben, dass andere Wege der Informationsermittlung bereits beschritten wurden, viertens möglichst präzise Erwartungen im Blick auf die benötigten Daten benennen und fünftens das Kriterium des angemessenen Arbeitsaufwands zu berücksichtigen versuchen.

5.4.3. Suche nach Archivalien

Wie aber stößt man auf Archive, die für das avisierte Thema interessante Quellen verwahren?

Die erste Möglichkeit ist, gesunden Menschenverstand walten zu lassen. Wer beispielsweise etwas zur Biographie Schillers sucht, für den ist das Schiller-Archiv der Stiftung Weimarer Klassik in Weimar eine erste Anlaufstelle. Wer etwas zur bayerischen Landesgeschichte untersuchen will, sollte u. a. im Bayerischen Hauptstaatsarchiv in München anfragen usw. Eine Übersicht über existierende Archive bietet der nach Orten sortierte und in regelmäßigen Neuauflagen aktualisierte Band *Archive in der Bundesrepublik Deutschland, Österreich und der Schweiz* (hrsg. vom Verein Deutscher Archivarinnen und Archivare, zuletzt Münster [18]2005, auch als CD-ROM), der auch auf Internetpräsentationen, Ansprechpartner und weitere Hilfsmittel verweist. Auf viele Archive im Internet verweist auch die vorzügliche Homepage der *Archivschule Marburg*, wo darüber hinaus weitere allgemeine Tipps zum Umgang mit Archiven zu finden sind.

Eine zweite, konkretere Möglichkeit ist die Sichtung von Angaben in der Sekundärliteratur. Zur Biographie Schillers liegen zahlreiche Studien vor – ebenso zu vielen Themen der bayerischen Landesgeschichte, um in den gewählten Beispielen zu bleiben –, in denen auf Quellenbestände hingewiesen wird. Häufig werden hier nicht nur die betreffenden Archive genannt, sondern relevante Archivbestände einzeln ausgewiesen, so dass sich gezielt danach suchen lässt (s. Kap. 6.4.4.8.).

Als dritter Weg bietet sich die Benutzung von gedruckten Hilfsmitteln an. In *Übersichten* oder *Inventaren* liegen (zumindest von den großen Archiven) Bestandsverzeichnisse vor. Zu unterscheiden sind dabei *Teil- oder Ausleseinventare*, die nur bestimmte Aktenbestände (etwa zu bestimmten Themen verzeichnen), aber keinen Überblick über den Gesamtbestand eines Archivs gewähren. Einen solchen Überblick findet man in *Gesamtinventaren*. Noch ausführlicher sind *analytische Inventare*, die neben dem reinen Verzeichnis auch regestartige Inhaltsbeschreibungen enthalten. Da viele Archive Bestandsübersichten inzwischen auch online anbieten, hilft mitunter ein Blick ins Internet. Ein Musterbeispiel für die Onlinepräsentation (einschließlich Bestandsübersichten und weiterer hilfreicher Angaben zur Archivbenutzung) sind die Internetseiten von *Archive in Nordrhein-Westfalen. Informationssystem der Archive in Nordrhein-Westfalen*, die hoffentlich bald auch in ähnlicher Form für andere Bundesländer erstellt werden.

Eine weitere Form, die Bestände von Archiven zu ermitteln, besteht in der Einsichtnahme der Archivverzeichnisse vor Ort. Hier finden sich nicht nur die eben erwähnten Übersichten und Inventare, sondern auch *Repertorien* oder *Findbücher*, die in gebundener Form oder als Kartei vorhanden sein können. Findbücher verzeichnen die Einzelakten von Aktenbeständen sowie einzelne Einheiten von Sammlungsbeständen. Wenn wir beispielsweise im Nachlass des Politikers A dessen Briefwechsel mit Politiker B suchen, reicht es nicht aus, das Archiv festzustellen, in dem der Nachlass lagert oder die in ihm zuständige Abteilung, die für dessen Verwaltung zuständig ist; wir müs-

sen darüber hinaus auch die Signatur ermitteln, unter der
der gesuchte Briefwechsel abgelegt ist, da der Gesamt-
nachlass unter Umständen mehrere Regalmeter füllen
kann.

Denecke, Ludwig / Brandis, Tilo: Verzeichnis der schriftlichen
 Nachlässe in den Bibliotheken der Bundesrepublik Deutschland. Boppard ²1981. [Zuerst 1969.]
Die Nachlässe in den deutschen Archiven (mit Ergänzungen aus
 anderen Beständen). Bearb. von Wolfgang Mommsen. 2 Bde.
 Boppard 1971/83. [Auch kostenlos im Internet auf den Seiten
 des Bundesarchivs.]

5.4.4. Praktische Arbeit im Archiv

Archivare verfügen häufig über eine breite wissenschaftliche Kenntnis. Viele von ihnen haben ein historisches Studium absolviert und sind durch geschichtswissenschaftliche Untersuchungen hervorgetreten, so etwa der vor 1918
aufgrund seiner demokratischen Überzeugung benachtei-
ligte Veit Valentin (1885–1947), der als Archivrat in Potsdam tätig war und eine bedeutende *Geschichte der deutschen Revolution von 1848/49* (2 Bde., Weinheim 1998
[zuerst 1930/31]) verfasste, oder der Direktor des Staatsarchivs Marburg Ludwig Dehio (1888–1963), der erster
Herausgeber der *Historischen Zeitschrift* (HZ) nach dem
2. Weltkrieg wurde. Archivare können nicht nur Auskünfte ›aus der Verwaltung‹, sondern auch inhaltlich wertvolle
Tipps geben. Es ist also empfehlenswert, auf der Suche
nach Archivalien ein Gespräch mit dem oder den Archi-
var(en) zu führen.

Archivare können auch Informationen zu Benutzungsbeschränkungen liefern, die in Archiven gelten. Generell
sind bis auf wenige Ausnahmen (z. B. Zeitungsausschnitt-
sammlungen) alle Archivbestände gesperrt, die jünger als
30 Jahre sind. Material, das Personen betrifft, darf ohne

deren Einverständnis frühestens 10 Jahre nach deren Tod bzw. bei unbekanntem Todesdatum 90 Jahre nach deren Geburt verwendet werden. Quellen mit politisch radikalem Inhalt und von besonderer konservatorischer Bedürftigkeit sind ebenso von speziellen Benutzungsbeschränkungen betroffen wie vergleichbare Druckerzeugnisse in Bibliotheken. Diese Benutzungsbeschränkungen können in begründeten Einzelfällen aufgehoben werden.

Bis auf Ausnahmen dürfen benutzbare Archivalien ausschließlich in Lesesälen eingesehen werden. Je nach Zustand wird für sie aber eine Reproduktionserlaubnis erteilt, so dass sie im einfachsten Fall vom Benutzer selbst fotokopiert bzw. eingescannt werden können. Bei Unterlagen, die aus konservatorischen Gründen nicht fotokopiert werden dürfen, können mitunter Mikrofilme bzw. Mikrofiches oder Papierabzüge hiervon erstellt werden. Zum Teil existieren bereits solche Filme, die sich zur Benutzung anbieten, da sie weniger konservatorischen Benutzungsbeschränkungen unterworfen sind als die Originale (für Duplikate gelten natürlich dieselben Sperrfristen wie für Originale!). Wichtig für den Benutzer ist es, sich vorab über die Form der Materialien und die Reproduktionsmöglichkeiten (z. B. auch digitale Fotographie) zu informieren. Denn Vervielfältigungen in Archiven sind mitunter sehr zeit- und vor allem kostenintensiv. Werden sie vom Archivpersonal durchgeführt, kann es mithin relativ lange dauern, bis die gewünschten Reproduktionen dem Auftraggeber vorliegen. Die erfolgreiche Benutzung des Archivs ist in vielerlei Hinsicht von einer rechtzeitigen Planung abhängig.

Beck, Friedrich / Henning, Eckart (Hrsg.): Die archivalischen Quellen. Mit einer Einführung in die Historischen Hilfswissenschaften. Weimar ⁴2004. [Zuerst 1994.]

Brenneke, Adolf / Leesch, Wolfgang: Archivkunde. Bd. 1: Ein Beitrag zur Theorie und Geschichte des europäischen Archivwesens. Nachdr. München ²1991. [Zuerst 1953.] – Bd. 2: Internationale Archivbibliographie. Mit besonderer Berücksichtigung des deutschen und österreichischen Archivwesens. Ebd. ²1993.

Franz, Eckart G.: Archive. In: Aufriß der Historischen Wissenschaften. Hrsg. von Michael Maurer. Bd. 6: Institutionen. Stuttgart 2002. S. 166–213.

Haase, Carl: The Records of German History / Die Archivalien zur deutschen Geschichte – in deutschen und einigen anderen Archiven mit kurzen Bemerkungen über Bibliotheken und andere Sammlungen. Boppard 1975.

Pieper, Joachim: Geschichte entdecken, erfahren und beurteilen. Eine Einführung in die Archivarbeit. Düsseldorf 2000.

Reimann, Norbert (Hrsg.): Praktische Archivkunde. Ein Leitfaden für Fachangestellte für Medien- und Informationsdienste Fachrichtung Archiv. Münster 2003.

6. Wissenschaftliche Forschung und Darstellung

Die Qualität eines Historikers wird an seiner Arbeit gemessen. ›Arbeit‹ ist hierbei in doppeltem Sinne zu verstehen. Zum einen bedeutet ›Arbeit‹ nämlich den Prozess, der sich von dem anfänglichen Interesse, ein Thema zu behandeln, bis zur Darlegung der eigenen Ideen und Ausführungen in mündlicher und schriftlicher Form erstreckt. Zum anderen bedeutet ›Arbeit‹ das – zumeist schriftliche – Produkt des Historikers selbst: dann etwa, wenn wir sagen, »Der Historiker XY behauptet in seiner Arbeit dieses oder jenes«. ›Arbeit‹ ist hier gleichbedeutend mit Veröffentlichung bzw. im Studium mit Referat oder Seminar-, Examens-, Magisterarbeit etc.

Um in den Ruf zu kommen, eine qualitätvolle Arbeit vorgelegt zu haben, sind vor allem vier Schritte notwendig:

1. eine methodisch begründete Vorgehensweise bei der historischen Forschung;
2. eine plausible inhaltliche Konzeption der Darstellung;
3. die Wahl einer angemessenen Darstellungsform;
4. eine ansprechende und korrekte Form der Darstellung.

Bevor die methodischen Schritte historischer Forschung weiterverfolgt werden, muss in einem kleinen Exkurs auf ein großes Übel eingegangen werden, das jede wissenschaftliche Arbeit wertlos werden lässt: das Plagiat.

Exkurs: Das Plagiat

Mit *Plagiat* (lat. *plagium* = ›[Menschen]Raub‹) wird der Diebstahl geistigen Eigentums bezeichnet. Ein Plagiat ist das, was in der Schule als ›Abschreiben‹ bezeichnet wird.

Dabei ist ›Abschreiben‹ im wissenschaftlichen Kontext eigentlich erlaubt. Wichtige Bedingung ist allerdings, dass die Quelle, aus der abgeschrieben wird, genannt ist und dass der aus einem fremden Werk übernommene Text in eine eigene Argumentation eingebaut wird. Diese Form des ›legalen Abschreibens‹ nennt sich ›Zitieren‹ (s. Kap. 6.4.4.).

Plagiate können unterschiedliche Formen haben. Generell lassen sich drei Typen unterscheiden: Schwer zu beweisen ist der *Ideenklau*. Ein solches Delikt liegt dann vor, wenn Thesen oder Denkmodelle als eigene Leistung ausgewiesen werden, ohne dass deren eigentliche Schöpfer erwähnt oder in Anmerkungen bzw. Literaturverzeichnis genannt sind. Eine zweite Form ist das *Paraphrasieren* (Nacherzählen) von Inhalten, deren Quelle nicht erwähnt wird. Manche Seminararbeiten sind nur Zusammenschnitte aus größeren Monographien anderer. Die schlimmste Form des Plagiats ist das wortgenaue *Abkupfern*, das heißt die Übernahme von Satzteilen, Sätzen oder größeren Textteilen ohne Angaben ihrer Herkunft.

Das Plagiieren hat in wissenschaftlichen Arbeiten mit der Verbreitung des Internets sehr zugenommen. Mittlerweile stehen zu allen möglichen Themen Arbeiten und Ausführungen im Netz – und nicht immer sind dies die schlechtesten. Das bequeme Copy&Paste-Verfahren, mit dem sich Inhalte hier ausschneiden und dort einfügen lassen, ist verführerisch. Generell gilt aber für das Internet dasselbe wie für jede andere Quelle auch: Erlaubt ist die Wiedergabe von Gedanken und Textteilen nur, wenn deren Ursprung kenntlich gemacht wird (s. Kap. 6.4.4.9.).

Plagiate fallen in der Regel dem Betreuer bzw. Leser der Arbeit auf. Änderungen in der Rechtschreibung, Benutzung ungewöhnlicher Begriffe und vor allem Variationen im Sprachstil weisen auf sie hin. Gerade Plagiate aus dem Internet lassen sich leicht nachweisen; auch die meisten Professoren sind heute in der Lage, gängige Suchmaschinen zu benutzen. Generell sollte daher also auf Plagiate verzichtet werden: erstens weil Ideenklau gegen die gängige Wissenschaftsmoral ist, zweitens weil das Entdecktwerden nicht nur peinlich ist, sondern auch ein Bild fehlender eigener Intelligenz entwirft und drittens weil nachgewiesene Plagiate immer mit einer Notenminderung bzw. der Aberkennung der erbrachten Leistung verbunden sind.

6.1. Methodische Schritte historischer Forschung

Als Methode bezeichnet man ein geplantes und geregeltes Vorgehen. Wer ein historisches Thema erforschen will, muss sich also einen Plan machen und Prinzipien für die eigene Forschung wählen, die garantieren, dass die erzielten Ergebnisse auch von anderen Menschen geteilt werden können.

6.1.1. Die Frage nach der Relevanz

Zu diesem Plan, der notwendige Voraussetzung für einen späteren Erfolg der unternommenen Forschung in ihrer Darstellung ist, gehört zunächst – so banal das auch klingt –, dass man sich für ein Thema interessiert. Nur wer sich bewusst ist, warum ihn gerade dieses und kein anderes Thema interessiert, wird in der Lage sein, auch seine Leser oder Hörer davon zu überzeugen, dass und warum das untersuchte Thema interessant ist. Dieses erste Stadium, das ein sehr wichtiges ist, um Aufmerksamkeit zu finden, bezeichnet man als »Frage nach der Relevanz«. Wer sich zum Beispiel mit der Geschichte des Nationalsozialismus beschäftigt, kann dies aus der Überzeugung tun, dass er sich als politisch handelnder Mensch dringend mit dem »Erbe der Vergangenheit« auseinander zu setzen habe. »Ich befasse mich mit der Geschichte des Holocaust, um das heutige Verhältnis zwischen Opfern des NS und deren Nachfahren und der deutschen Gesellschaft besser verstehen und bewerten zu können«, könnte eine sehr persönliche Beantwortung der Frage nach der Relevanz für dieses Thema sein. Damit die eigenen Forschungen auch das Interesse anderer finden können, überträgt man die Relevanzfrage auf einen erweiterten Personenkreis. Sie hieße dann für unser Beispiel: »Wer sich (wie ich) mit der Geschichte des Holocaust beschäftigt, wird das heutige Verhältnis zwischen Opfern des NS und deren Nachfahren und der deutschen Gesellschaft besser verstehen und bewerten können.«

Das Kriterium der Relevanz ist aber nicht nur für die Erforschung von Themen der Zeitgeschichte erforderlich, deren Auswirkungen quasi noch ›direkt spürbar‹ sind. Man kann sich etwa auch mit dem Verhältnis von Herren und Sklaven in der Antike oder dem Zeitdenken im Mittelalter beschäftigen, um Parallelen und Unterschiede zur heutigen Zeit zu verdeutlichen. Ebenso ist für die Relevanz nicht die Zahl derer entscheidend, die sich für ein Thema interessieren. Die Geschichte des Holocaust kann für viele genauso relevant sein wie die Geschichte des Kartoffelanbaus in Mecklenburg-Vorpommern für einige. Entscheidend für die Relevanzfrage ist vielmehr der *Gegenwartsbezug von Geschichte*. Historische Forschung geschieht immer in einer Gegenwart und ist für diese gedacht. Relevant wird Geschichte dann, wenn derjenige, der historisch forscht, seine Gründe hierfür nennen kann und auf Personen trifft, die diese Gründe teilen.

6.1.2. Fragestellung und Literatursuche (Heuristik)

Ist man sich klar darüber, welches Thema man bearbeiten möchte und warum man es bearbeiten möchte, folgt ein Doppelschritt: Nun gilt es zum einen, untersuchungsleitende Fragen zu entwickeln, und zum anderen, themenrelevante Quellen und Sekundärliteratur zu suchen. Je mehr geeignete Quellen und Literatur man dabei liest, umso mehr Anregungen erhält man, mit welcher Problemstellung man sich dem gewählten Thema nähern soll. Um beim angeführten Beispiel zu bleiben, könnte man die Frage entwickeln, welche gesellschaftlichen Strukturen den Holocaust ermöglicht haben. Man könnte aber auch danach fragen, welche wirtschaftlichen Konsequenzen die Vernichtungspolitik mit sich brachte; oder auch: Welche Vordenker der Vernichtung es gegeben hat, wie also die Theorie der Vernichtung aussah. Im Laufe des Lesens verfeinert sich die Fragestellung immer mehr. Man kann etwa dazu kommen, nicht mehr ausschließlich in den ›großen Vordenkern‹ des Holocaust das Kernproblem für das Thema zu sehen, sondern vielleicht eher in den ›kleinen‹, den Journalisten, Publizisten oder weniger bekannten Literaten, denen man nun eine größere Bedeutung zumisst. Wer hier umtriebig ist und in seinen Blick auch scheinbar randständige Quellen und Darstellungen miteinbezieht, wird oft mit der Präzisierung seiner Fragestellung belohnt. Lesen macht eben doch manchmal schlau.

Das Verhältnis von Fragestellung sowie Quellen- und Literatursuche ist wechselseitig. Je genauer unsere Vorstellung wird, was eigentlicher für das gewählte Thema entscheidend ist, desto deutlich wird uns, welche Quellen- und Literaturbestände wir zu sichten haben. Wer die These von der Bedeutung der ›kleinen Vordenker‹ teilt, wird vielleicht nicht nur die Bücher bedeutender Köpfe des Nationalsozialismus studieren, sondern auch im Zeitschriftenarchiv nach journalistischen Beiträgen Ausschau halten. Er wird möglicherweise sowohl die Sekundärliteratur über das nationalsozialistische Denken an den Universitäten beachten als auch die Forschungen über ideologische Positionen in der Publizistik. Die Präzisierung der Fragestellung wirkt selektiv auf die Quellen- und Literaturrecherche zurück. Man kann nicht alles lesen, was ein Thema betrifft, aber wenn man einen Eindruck davon gewonnen hat, was das Entscheidende an einem Thema sein könnte, kann man sich bemühen, alles zu lesen, was hierzu Aufschluss geben kann. Nach der Relevanzfrage bildet die Quellen- und Literatursuche gemeinsam mit der Entwicklung einer Fragestellung den zweiten Schritt methodisch begründeten historischen Arbeitens. Man nennt diesen Schritt auch *Heuristik*.

6.1.3. Quellenkritik

Auf die Heuristik folgt die Quellenkritik als dritter Schritt. Wie bereits erwähnt, zählen neben Schriftstücken auch dingliche oder akustische Dokumente zu den Quellen. Quellen unterscheiden sich also nach ihrer *Quellengattung*. Aber sie unterscheiden sich ebenso hinsichtlich ihres Alters: Sowohl Feldpostbriefe aus dem Jahr 1917 können über die Ereignisse während des 1. Weltkriegs berichten als auch Memoiren, die Jahrzehnte nach dessen Ende verfasst wurden. Um wissenschaftlich korrekt zu forschen, müssen der Herstellungskontext und das Alter benutzter Quellen kritisch geprüft werden.

6.1.3.1. Prüfung der Echtheit

Ein erster Schritt hierzu ist die *Prüfung der Echtheit*. Erste Anhaltspunkte für eine Überprüfung der Echtheit gewinnt man aus dem Inhalt der Quelle: Widersprechen sich etwa die Aussagen eines angeblichen Verfassers einer Quelle mit Aussagen, die derselbe Verfasser an anderer Stelle geäußert hat, so liegt der Verdacht einer Fälschung nahe. Ein gutes Beispiel hierfür sind die 1983 ›entdeckten‹ *Hitler-Tagebücher*. Angeblich von Hitler selbst diktiert, enthalten sie Bemerkungen, die in offensichtlichem Gegensatz zu anderen Reden des »Führers« stehen. Um sicher zu gehen, dass es sich bei der vorliegenden Quelle um eine Fälschung handelt, bedient man sich des hilfswissenschaftlichen Wissens. Wenn man feststellt, dass eine Quelle ihren äußeren Merkmalen (Schrift, Papier, Pergament, Siegel etc.) nach untypisch für die Zeit ist, in der sie entstanden sein soll, erhärtet sich der Fälschungsverdacht. Zu einer 100-prozentigen Prüfung von Quellen bedarf es aber eines Chemikers: Das Material, aus dem eine Quelle besteht, lässt sich nämlich zeitlich relativ exakt bestimmen. Eine Handschrift zum Beispiel, die ein Datum aus der Zeit Karls des Großen trägt, deren Pergament aber erst 1000 Jahre alt ist, ist mit Sicherheit unecht.

Erweist sich eine Quelle als gefälscht, ist sie aber nicht bedeutungslos für den Historiker. Die »Konstantinische Schenkung«, in der Kaiser Konstantin der Große (um 288–337) Papst Silvester I. angeblich die Herrschaft über den Westen des Römischen Reichs übertrug, stammt nachweislich aus dem 8./9. Jahrhundert. Kann man sie deshalb zwar nicht als Beleg für Ereignisse aus dem 3. Jahrhundert benutzen, so ist sie doch ein eindrucksvolles Dokument für den Anspruch und die Absicht ihres Fälschers und damit für Ereignisse des 8./9. Jahrhunderts.

6.1.3.2. Prüfung der Chronologie

Erweist sich eine Quelle als echt, so muss sie zeitlich eingeordnet werden. Berücksichtigen wir die Möglichkeit, dass Schriftstücke vor- oder rückdatiert werden können, dann brauchen wir weitere Hinweise, die uns das Datum einer Quelle bestätigen. Ein Telegramm des Reichskanzlers Chlodwig von Hohenlohe an Kaiser Wilhelm II. vom 4. Dezember 1899 (Geheimes Staatsarchiv, Berlin) enthält die Frage, ob die Feiern zum Jahrhundertwechsel im

Deutschen Reich am 1. Januar 1900 oder am 1. Januar 1901 stattfinden sollen. Ein handschriftlicher Vermerk des Kaisers verzeichnet als Antwort: »Am 1. Januar 1899«. Stimmt das Datum Wilhelms, dann ist die Datierung der Quelle falsch. Beachtet man aber den Inhalt der Quelle und den nachweisbaren Zeitpunkt, an dem die Feiern tatsächlich vollzogen wurden, dann stellt man fest, dass der Kaiser sich geirrt haben muss und nicht 1899, sondern 1900 meinte. Das Datum der Quelle wird demnach zutreffend sein. Es gewinnt aus ihrem Inhalt an Plausibilität. Die zeitliche Datierung der Quellen orientiert sich entweder an der *Chronologie der nachweisbaren Ereignisse* oder an der *Chronologie der Quellen* selbst. Wird in einer Quelle von Ereignissen berichtet, von denen der Verfasser noch gar keine Ahnung haben konnte, dann ist sie rückdatiert. Wird in einer anderen echten und einwandfrei datierbaren Quelle eine Quelle erwähnt, die ein späteres Datum als die erste trägt, ist die zweite vordatiert.

6.1.3.3. Prüfung der Richtigkeit

Der letzte Schritt der Quellenkritik ergründet die Frage, ob der Inhalt der Quelle richtig oder falsch ist. Während die Frage nach der Echtheit zu klären suchte, ob der angegebene Verfasser der tatsächliche Autor ist und die Frage nach der Datierung den angeblichen Entstehungszeitpunkt verifizierte, muss nun nachgewiesen werden, dass das, wovon die Quelle berichtet, nicht erfunden ist. Am einfachsten lassen sich falsche Aussagen nachweisen, wenn sie offensichtlich gegen Naturgesetze verstoßen. Dies ist häufiger bei alten Quellen der Fall. Schwieriger ist schon die Beurteilung, ob das dargestellte Geschehen angesichts seiner erwähnten Umstände möglich war. Ergeben sich hier logische Widersprüche, müssen sich ebenfalls Unwahrheiten eingeschlichen haben. Weiterhin sind die erwähnten Angaben nicht für bare Münze zu nehmen, wenn sie auf fehlerhaften Beobachtungen und Verfahren beruhen – beispielsweise, wenn der Verfasser bestimmte Zusammenhänge offensichtlich verstanden hat, aber falsche Schlüsse daraus zieht. Aber auch: Wenn die Erhebungsgrundlage für *serielle Quellen*, wie Statistiken und Ähnliches, nicht plausibel ist. Schwierig zu erkennen sind bewusste Verfälschungen von Tatsachen. Sie lassen sich nur dann ausmachen, wenn man eine Quelle mit mehreren anderen vergleicht, die von ganz anderen Tatbeständen berichten.

Eine heikle Angelegenheit ist auch die unbewusste Verfälschung. Befragt man Augenzeugen eines Unfalls, so wird man von jedem eine ganz eigene Version des Tathergangs zu hören bekommen. Um das tatsächliche Geschehen zu *rekonstruieren*, reicht es nicht aus, sich den Eindrücken der Mehrheit anzuschließen. Wenn beispielsweise der Streit zwischen einem Einheimischen und einem Ausländer beschrieben wird, ist es denkbar, dass die Einheimischen unter den Beobachtern unbewusst Partei für ihren Landsmann ergreifen und daher eine *parteiliche* Sichtweise haben. Damit der Richter, der diesen Fall beurteilen muss, nicht dieser Perspektive aufsitzt, muss er sich Klarheit verschaffen, vor welchem Hintergrund die Augenzeugen ihre Aussagen machen. Ähnliches gilt für den Historiker und seinen Umgang mit Quellen: Will der Historiker herausfinden, ob der Autor seiner Quelle nicht vorsätzlich oder unbewusst Falsches oder parteilich Gefärbtes berichtet, so muss er sich diesem Autor näher widmen, muss beispielsweise klären, ob dieser einer bestimmten Partei oder Interessenverbänden angehört, deren Programme er teilt. So lassen sich zumindest gröbere perspektivische Brechungen vermuten, wenn nicht gar nachweisen.

Das vergangene Ereignis und Geschehen in seiner *Tatsächlichkeit* rekonstruieren zu können, bleibt allerdings eine Illusion. Daher empfiehlt es sich, immer mehrere verschiedene Sichtweisen auf ein Ereignis vergleichend miteinander zu erforschen. (Das ist natürlich auch für die kritische Benutzung der Sekundärliteratur unerlässlich!) Wer zum Beispiel den Ausbruch des 1. Weltkriegs näher betrachten will, der sollte deutsche und ausländische Quellen, solche von Sozialisten und Nationalisten, vom August 1914 und später quellenkritisch bearbeiten und vergleichend nebeneinander stellen. So nämlich wird das *historische Ereignis* als Referenzpunkt der Darstellungen in den Quellen betont und zugleich als Zerstreuungspunkt unterschiedlicher Auffassungen über das, was ›tatsächlich‹ geschehen ist, kritisch gespiegelt.

Der gesamte methodische Schritt der Quellenkritik ähnelt damit einem Gerichtsverfahren, in dem durch Aussagen und Indizien eine Beurteilung des Vergangenen ermittelt werden soll. Wichtigstes Instrument bei dieser Ermittlung ist der *Vergleich*: Eine Quelle wird mit anderen verglichen, ihre Datierung mit ihrem Inhalt, ihre Aussagen werden mit anderen Aussagen oder mit der Chronologie der Ereignisse verglichen etc. Am Ende der Kritik steht nicht die historische Tatsache. »Die Aufgabe der Kritik ist zu bestimmen, in welchem Verhältnis das vorliegende Material zu den Willensakten steht, von denen es Zeugnis gibt«, schrieb Johann Gustav Droysen (1808–1884) in seiner noch heute aufschlussreichen *Historik* 1857/58 (Historisch-kritische Ausgabe. Hrsg. von Peter Leyh. Stuttgart-Bad Cannstatt 1977). Im Zentrum der Quellenkritik geht es also darum, wie, wann und warum bestimmte historische Geschehnisse auf bestimmte Weise dargestellt worden sind. Quellenkritik erfordert strenge Genauigkeit, ist aber in der Praxis meist viel weniger arbeitsintensiv als es hier den Anschein erwecken mag. Viele der wichtigen Quellen, mit denen wir es bei unserer Forschung zu tun haben, sind bereits ediert, zumindest sind sie in großen Teilen geordnet, vielleicht schon einmal in der Sekundärliteratur behandelt und damit gut und rasch bearbeitbar.

6.1.4. Interpretation

Wir haben nun geklärt, warum uns ein Thema interessiert und warum es andere interessieren sollte. Wir haben danach gefragt, welches die wesentlichen Probleme unseres Themas sind und Hypothesen gebildet, die mögliche Antworten auf diese Frage geben. Schließlich haben wir Literatur und Quellen gesammelt und kritisch gesichtet, um eine solide Forschungsbasis zu gewinnen. Nun beginnt das eigentliche Geschäft des Historikers: die Rekonstruktion des chronologischen und inhaltlichen Zusammenhangs von Ereignissen, Prozessen und Entwicklungen.

Hierzu bedient sich die moderne Geschichtswissenschaft seit etwa 250 Jahren eines philosophischen Erkenntnisverfahrens, das man als *Interpretation* bezeichnet. Die Interpretation ist ein *Differenzdenken*. Man erkennt einen Gegenstand im Vergleich mit einem anderen, weil er ähnlich ist (es also etwas Gleiches zwischen beiden gibt), aber auch Differenzen zeigt (es also etwas Unterschiedliches zwischen beiden gibt). Das wichtigste Differenzkriterium für den Historiker ist die Zeit. Dies lässt sich an einem einfachen Beispiel verdeutlichen: Ein Historiker, der sich für die Geschichte der Waffenkunde von der Antike bis zur Gegenwart interessiert, betrachtet ein antikes Mosaik, auf dem eine Kampfszene mit Pfeil und Bogen abgebildet ist. Ohne großes Fachwissen bemühen zu müssen, weiß er, dass man heute kriegerische Handlungen mit anderen Waffen ausführt. In der Unterschiedlichkeit zwischen dem abgebildeten Bogen einerseits und Vorstellungen von Pistole, Gewehr oder Kanone andererseits wird für ihn die zeitliche Differenz sinnfällig. Das Bild vor seinen Augen steht als Zeichen einer Vergangenheit, die anders war, als es seine Gegenwart ist. Eine Entwicklung hat also stattgefunden, für die man einen (ersten) Anfang und ein (vorläufiges) Ende hat. Damit ist eine erste kleine Geschichte der Waffenkunde entstanden. Indem der Historiker nun vielleicht eine französische Buchillustration aus dem 12. Jahrhundert hinzuzieht, auf der Armbrustschützen erkennbar sind, wird die Geschichte, die er von dieser Entwicklung erzählen kann, dichter. Seine anfängliche These, die gelautet haben könnte, dass sich die Geschwindigkeit, mit der man Geschosse in Bewegung setzen kann, stetig gesteigert hat, fände hier ihre Bestätigung. Um diese These weiter zu festigen und zu entfalten, zieht unser Historiker immer neue Quellen heran: Er findet eventuell Bilder aus England, auf denen weiterhin Bögen zu sehen sind, aus einer Zeit, in der man in Frankreich schon mit Armbrüsten gekämpft hat. Die *diachrone* (= durch die Zeit gehende) könnte sich dann mit einer *synchronen* (= eine gemeinsame Zeitstufe betreffende) Betrachtung verbinden: Während in der einen Kultur eine schnellere Entwicklung der Waffentechnik erkennbar ist, ist diese in anderen Kulturen nicht oder viel später nachzuweisen. Nun kann unser Historiker also eine differenzierte und auf methodisch gesicherter Grundlage basierende Geschichte erzählen: Erst gab es relativ langsame Bogenpfeile, dann schnellere Armbrustpfeile und schließlich sehr schnelle Geschosskugeln – in den einen Ländern früher, in den anderen später.

Aber reicht diese Geschichte, die an der einfachen *Chronologie* verschiedener Entwicklungsstände orientiert ist und mit einem ›Zuerst und dann und dann‹-Erzählmodell operiert, schon aus, um wirklich interessant zu sein? Wohl kaum. Wenn wir eine Geschichte erzählen, dann verknüpfen wir unsere Gedanken immer mit bestimmten kausalen (Begründungs-) oder finalen (Zweck-)Elementen. ›Weil‹ und ›damit‹ sind typische Konjunktionen, mit denen wir unsere Aussagen und auch unsere Gedanken verknüpfen. Warum wurden immer schnellere Geschosse entwickelt? Warum gab es in Frankreich die Armbrust und zur gleichen Zeit in England nicht? Wir hatten bereits darauf hingewiesen, dass Geschichte immer im Bezug zur eigenen Gegenwart steht. Diesen Status der *Geschichtlichkeit* räumen wir auch den Personen und Dingen ein, die Gegenstand unserer Betrachtung sind. Derjenige, der im Mittelalter plötzlich die Armbrust benutzt und nicht mehr den Bogen, tut dies aufgrund seiner Erfahrung, die uns zu interessieren beginnt. Wie sieht diese Erfahrung aus? Was sind die Ursachen dafür, dass sich etwas verändert hat? Welchem Zweck sollte die Veränderung dienen?

Neben das einfache Verstehen, in welcher Art sich etwas verändert hat, tritt als unsere zweite Absicht, auch den *Ursache-Wirkungs-Zusammenhang* zu verstehen. Wir bilden darum vielleicht die These, dass in Frankreich die schnelleren Armbrustgeschosse Verbreitung fanden, weil es viele Kriege gab und diese Geschosse im Einsatz effektiver waren. Wenn man aber einen Blick auf die Entwicklungen in England wirft, sieht man, dass es dort mindestens ebenso viele Kriege gegeben hat. Unsere Hypothese muss darum nicht falsch sein, aber sie reicht noch nicht aus, um die Ursachen für die beobachtbare Entwicklung restlos aufzudecken. In diesem Fall muss man weiterüberlegen. Vielleicht war es ja gar nicht die Geschwindigkeit, sondern die Durchschlagskraft der Geschosse, auf die es ankam? War die Geschwindigkeit also gleichsam nur ein Nebenprodukt dieser Entwicklung? Vielleicht gab es im mittelalterlichen Frankreich ganz andere Formen der Auseinandersetzung als in England, wo man möglicherweise erst später gepanzerte Harnische trug, an denen die Bogenpfeile abprallten?

Wir sehen also, dass unsere erste These von der Entwicklung der Geschwindigkeit zwar korrekt war, dass sie aber nicht den Kern der Sache traf, weil wir uns noch nicht um den Ursache-Wirkungs-Zusammenhang gekümmert hatten, der uns auf die Durchschlagskraft brachte. Unsere Geschichte ist wiederum ein Stück dichter, unsere These ein Stück präziser geworden.

Aber auch jetzt sind wir noch nicht zu einer Geschichte

gelangt, die wirklich überzeugen könnte. Da die Dinge in unserer Welt nur selten von *einem* Umstand abhängen, sondern meistens mit ganz unterschiedlichen Bedingungen vernetzt sind, reichen *monokausale Begründungen* – das heißt solche, die nur *einen* Grund für etwas nennen – in der Regel nicht aus. Die Handlungen und Ereignisse, von denen uns historische Quellen berichten, sind auf Entscheidungen von Menschen zurückzuführen. Dies können Einzelpersonen sein, aber auch Kollektive. Während ältere Geschichtsauffassungen wie der Historismus dazu neigten, einzelnen Personen – den »großen Männern« – starken Einfluss auf den Gang der Entwicklung einzuräumen, heben neuere Theorien (z. B. die Sozialgeschichte) die Bedeutung von Kollektiven deutlicher hervor. Wie aber kann man das Handeln vieler Menschen, von denen der eine möglicherweise dies, der andere das will, auf einen Nenner bringen? Früher hat man dieses Problem gelöst, indem man vom ›Geist‹ der Völker oder der Zeiten gesprochen hat. Die Französische Revolution war demgemäß ein Ausdruck des *Zeitgeists* oder französischen *Volksgeists*, auch wenn natürlich nicht alle Franzosen zu ihren Anhängern zählten. Heute wirft man einen moderneren Blick auf Kollektive. Man spricht von *Mentalitäten*, von *Strukturen* und vom *kollektiven* oder *kulturellen Gedächtnis*, um kollektive Bewusstseinszustände zu beschreiben. Auch differenziert man Kollektive genauer. Kaum jemand wird von dem kollektiven Bewusstsein der *Gesellschaft* sprechen, sondern vielmehr von solchen einzelner *Schichten, Gruppen* oder *Milieus* (das sind bestimmte kulturell-lebensweltliche Einheiten wie etwas das ›katholische Milieu‹ oder das ›Arbeitermilieu‹).

Geschichte hat also nicht nur mit Ereignissen und Prozessen zu tun, sondern auch mit Handlungsträgern, den so genannten *historischen Akteuren* oder *Subjekten* – gleichgültig, ob dies Einzelpersonen oder Kollektive sind. Die Frage nach Ursachen und Zusammenhängen darf sich deshalb nicht nur auf die kausale oder finale Verknüpfung von Sachzwängen beschränken. Sie richtet sich nicht nur auf die dingliche Welt, sondern auch auf die psychische, das Denken und Fühlen der Menschen, die Ereignisse und Geschehen in Gang setzen. Die Frage nach dem Ursache-Wirkungs-Zusammenhang von Dingen muss um eine Erforschung der Motivation menschlichen Handelns erweitert werden. Hierzu kann man entweder auf vorliegende Interpretationsmuster zurückgreifen oder muss neue suchen.

Wollen wir auf Interpretationsmuster zurückgreifen, dann können wir *erstens* so genannte *Ego-Dokumente* benutzen. Ego-Dokumente sind Quellen, die aus der Ich-Perspektive verfasst sind. Hierzu gehören Memoiren, Tagebücher, Briefe oder Selbstporträts. In dieser Art Quellen finden sich häufig Aussagen, die Begründungen für zurückliegende oder gewisse Zeit nach einer Äußerung getätigte Handlungen und Entscheidungen liefern. Fürst Otto von Bismarcks (1815–1898) politisches Handeln wird so häufig vor dem Hintergrund seiner *Gedanken und Erinnerungen* (3 Bde., Berlin 1999 [zuerst 1898/1921]) verstanden. Aber Vorsicht: Ego-Dokumente enthalten oftmals Selbststilisierungen, die kritisch reflektiert werden müssen. Besonders achtsam muss man gegenüber Aussagen sein, die *ex post*, also im Nachhinein, geäußert werden. Die Person, die eine zurückliegende Handlung von einem späteren Zeitpunkt aus betrachtet, kennt auch die Konsequenzen, die sich aus ihr ergeben haben und konstruiert so möglicherweise einen Begründungskontext, der der späteren Zeit angepasst ist, oder verschweigt entscheidende Beweggründe. Ein eindrucksvolles Beispiel für solche Brechungen des Blicks sind etwa die Erinnerungen ehemaliger Funktionäre des Nationalsozialismus, die ihr eigenes Tun im Nachhinein gern als Vorbereitung widerständischer Aktionen gegen das Regime ausgeben. Zu bedenken ist ebenso, dass Handlungen auch vollzogen werden können, ohne dass sich die Akteure über die eigenen Motive überhaupt klar sind.

Zweitens liegen uns möglicherweise normative Quellen vor. Auch sie können Begründungen enthalten, etwa wenn ein mittelalterlicher Herrscher in einer Urkunde angibt, dass er zum Schutz einer Stadt den Bau einer Stadtmauer befiehlt. Auch hier ist natürlich zu prüfen, ob dies der wahre und einzige Grund ist oder ob es eventuell noch andere geben kann.

Drittens findet sich die Angabe von Motiven historischer Subjekte in den Beschreibungen anderer – gleichgültig, ob in Quellen oder in der Sekundärliteratur. Der griechische Historiker Polybios (um 200–120 v. Chr.) berichtet in seinen *Historien* von seiner ›Zeitgeschichte‹, dem Beginn des 2. Punischen Kriegs. Als wichtigsten Grund für dessen Ausbruch gibt er an, dass die Römer ein Friedensangebot der Karthager nach dem ersten Krieg ausgeschlagen und stattdessen die Politik eines Siegers betrieben hätten. »Deshalb muss man das«, schreibt Polybios, »als die […] wichtigste Ursache für den danach beginnenden Krieg ansehen«. In diesem Fall werden wir also von dritter Seite auf mögliche Motive hingewiesen. Ob diese wirklich zutreffen, müssen wir kritisch hinterfragen.

Liegen dem Historiker keine Interpretationen für Ereignisse oder Handlungen vor, entwickelt er eigene. Dies geschieht vor allem durch *Analogieschlüsse*. Haben wir Statistiken, die uns belegen, dass in Krisenzeiten viele Leute in eine Kirchengemeinschaft eintreten, dann ließe sich in Analogie zum Beispiel die These aufstellen: Der Kircheneintritt der Person XY in die evangelische Gemeinde der Stadt Frankfurt am Main am 15. April 1942 geschah möglicherweise angesichts einer kriegsbedingten Hinwendung zum Glauben. Es gilt dann, diese These durch weitere Argumente zu untermauern, etwa indem man Dokumente auswertet, in denen behauptet wird, dass nur Gott in dieser Krisenzeit noch helfen könne, oder die von der Furcht der Person NN vor dem Kriegstod berichten.

Trotz aller Interpretationsansätze, die wir in Quellen und der Literatur finden, trotz eigener guter Vermutungen und Erklärungen, warum bestimmte Sachverhalte sich in gewisser Weise begründen lassen, bleibt immer noch eine Anzahl von Geschehnissen übrig, die sich hartnäckig dem Verstehen widersetzen. Die Motive Claus Graf Schenk von Stauffenbergs (1907–1944), Hitler am 20. Juli 1944 durch eine Bombe zu töten, lassen sich recht gut rekonstruieren. Aber warum scheiterte das Attentat? Weil die Platte eines Tischs zu dick war? Weil die Tasche mit der Bombe am falschen Platz stand? Das Attentat scheiterte – aus *Zufall*. Überall dort, wo wir ein Ereignis nicht restlos auf bestimmte Gründe zurückführen können, sprechen wir vom Zufall. Der Begriffshistoriker Reinhart Koselleck (geb. 1923) hat darum den Zufall als »Motivationsrest« in der Geschichte bezeichnet. Ähnliches lässt sich für Begriffe wie *Schicksal* oder *Fügung* behaupten. Dort, wo wir Geschehen nicht durch einen Grund mit *Sinn* aufladen können, bleibt etwas Unerklärliches, der Zufall eben. Aber wir sollten diese Kategorie erst dann benutzen, wenn alle anderen Versuche, Motivationen zu ergründen, gescheitert sind.

Hoffmann, Arnd: Zufall und Kontingenz in der Geschichtstheorie. Mit zwei Studien zu Theorie und Praxis der Sozialgeschichte. Fankfurt a. M. 2005.

Koselleck, Reinhart: Der Zufall als Motivationsrest in der Geschichtsschreibung. In: R. K.: Vergangene Zukunft. Zur Semantik geschichtlicher Zeiten. Frankfurt a. M. 1979. S. 158–175.

Mit der Ergründung der Motive ist unsere methodisch fundierte Erforschung eines geschichtlichen Themas abgeschlossen. Wir haben das Handeln einzelner Personen und Kollektive ebenso rekonstruiert wie den Verlauf und die

Struktur von historischen Prozessen und Entwicklungen: Vor uns liegt das Ergebnis historischer Forschung, das es nun schriftlich oder mündlich zu präsentieren gilt.

6.2. Die Konzeption wissenschaftlicher Darstellungen

Geschichtswissenschaftliche Darstellungen – gleichgültig, ob sie vorgetragen oder verschriftlicht werden – sind *Erzählungen*. Sie heben sich dadurch von Zeittafeln (Chronologien) oder Statistiken ab. Für sie trifft zu, was Aristoteles in seiner *Poetik* für jede Form von Prosaliteratur erkannt hat: Historische Erzählungen bestehen aus einer Einleitung, einem Hauptteil (Peripetie) und einem Schluss. Dass diese Erkenntnis bei weitem nicht so trivial ist, wie es auf den ersten Blick scheinen mag, wird sich nun zeigen.

Bänsch, Axel: Wissenschaftliches Arbeiten. Seminar- und Diplomarbeiten. München/Wien ^{8}2003. [Zuerst 1982.]
Druwe, Ulrich: Einführung in das wissenschaftliche Arbeiten. Stuttgart 1988.
Eco, Umberto: Wie man eine wissenschaftliche Abschlussarbeit schreibt. Doktor-, Diplom- und Magisterarbeit in den Geistes- und Sozialwissenschaften. Heidelberg ^{10}2003. [Ital. 1977.]
Göttert, Karl-Heinz: Kleine Schreibschule für Studierende. München ^{2}2002. [Zuerst 1999.]
Sesink, Werner: Einführung in das wissenschaftliche Arbeiten ohne und mit PC. München/Wien ^{6}2003. [Zuerst 1990.]

6.2.1. Die Einleitung

Die ersten Zeilen eines Buchs, die ersten Worte eines Vortrags sind häufig die wichtigsten, denn sie können den Leser/Hörer für alles weitere einnehmen oder ihn auch abschrecken. Um eine wissenschaftliche Arbeit erfolgreich einzuleiten, empfiehlt es sich, einen ›Eisbrecher‹ zu benutzen, der dem Autor/Referenten das Wohlwollen der Zuhörer oder Leser sichert. Hierzu bietet es sich an, ein eigentümliches Zitat voranzustellen, von dem man geistvoll zu seinem Thema überleiten kann. Auch über Beschreibungen markanter Vorfälle oder Bezugnahmen auf aktuelles Geschehen der letzten Zeit lassen sich häufig gute Brücken bauen, um das eigene Thema elegant vorzustellen. Etwas nüchterner, aber darum nicht schlechter, ist das Aufreißen eines großen Zusammenhangs, etwa indem man die ›Soziale Frage‹ als eines der interessantesten Probleme des 19. Jahrhunderts bezeichnet, um dann auf den Aspekt überzuleiten, mit dem man sich thematisch beschäftigt hat (etwa: »Das Gesundheitswesen in Düsseldorf 1880–1900« o. Ä.).

Nun folgt die Erläuterung des Themas. Hierzu gehört vor allem, dass dem Leser/Hörer deutlich wird, welchen Gegenstand, welche Zeit und welchen Raum die Forschungen behandelt haben. Ist dies geschehen, muss der Autor/Referent seinen Kommunikationspartner überzeugen, dass sein Thema für ihn von Interesse sein wird. Er tut dies, indem er die verallgemeinerte *Frage nach der Relevanz* (s. Kap. 6.1.1.) präsentiert und sein Publikum so vergewissert, dass die folgende Hör- oder Lesezeit nicht verschwendet sein wird. Der Hauptzweck der Einleitung ist aber weder die in der Rhetorik so genannte *captatio benevolentiae*, das Erheischen von Aufmerksamkeit und Wohlwollen, noch die genaue Vorstellung des Themas. Im Wesentlichen soll die Einleitung dazu dienen, dem Leser/Hörer die Hypothesen und die methodische Vorgehensweise zu erläutern. Sie knüpft den ›roten Faden‹, der das Publikum durch Vortrag oder Text geleiten soll.

Die Vorstellung der Hypothesen geschieht in der Regel durch eine Wendung wie »Absicht der Untersuchung ist es, zu zeigen, dass …«. Nun folgt das, was wir als Kern unseres Themas erkannt haben. Für unser oben gewähltes Beispiel von der Armbrust könnte der Satz in etwa weitergehen: »… die Entwicklung vom Bogen zur Armbrust eine Folge veränderter Formen der Auseinandersetzung und neuen Rüstzeugs ist, die eine höhere Durchschlagskraft der Geschosse erforderte«. Nun weiß der Leser/Hörer, worauf die Überlegungen abzielen und worauf er zu achten hat. Da er ebenfalls den Eindruck gewinnen muss, dass die Untersuchung auf methodisch gesicherter Grundlage basiert, ist es unabdingbar, auch auf die methodische Vorgehensweise aufmerksam zu machen – in schriftlichen Texten ausführlicher, in Vorträgen eher knapper. Hierzu gehört die Angabe, welche Quellengruppen ausgewertet wurden, gegebenenfalls, welchen zeitlichen oder räumlichen Einschränkungen die Forschungen unterliegen und mitunter auch, welchen Interpretationen man mit den eigenen Hypothesen entgegentritt und welche man unterstützt. Benutzt man ein so genanntes *Sample* – eine Auswahl von Quellen oder Statistiken, die man als repräsentativ für eine größere Sammlung einschätzt –, so ist zudem darzulegen, warum dieses Sample als stellvertretend für die größere Quellen- und Statistikenbasis gelten kann.

Bevor man mit dem Hauptteil beginnt, empfiehlt es sich, am Schluss der Einleitung die *Gliederung*, mit der man die Darstellung der Untersuchungsergebnisse strukturiert hat, kurz vorzustellen. Hierdurch wird die rote Farbe des Fadens, den man dem Leser/Hörer mit der Nennung der Hypothesen an die Hand gegeben hatte, etwas intensiver. Er weiß nun nicht nur, worauf die Untersuchung abzielt, sondern auch, welche Schritte zu diesem Ziel führen sollen.

6.2.2. Der Hauptteil

Der Hauptteil ist – wie der Name schon sagt – das Kernstück historischer Darstellungen. Er enthält alle Ergebnisse und Vermutungen, die während der Untersuchung entstanden sind. Wir können uns verschiedener ›Erzählstrategien‹ bedienen, um unsere Ergebnisse zu präsentieren. Für alle diese Erzählweisen aber gilt: Sie sind nur dann wertvoll, wenn sie klar strukturiert sind. Der Wert des Vortrags bzw. der schriftlichen Darstellung hängt nicht nur davon ab, dass die Ausgangsfragestellung plausibel und ihre Beantwortung durch Ergebnisse richtig und überzeugend ist, sondern ebenso stark davon, inwiefern die Überlegungen des Historikers seinem Publikum verständlich sind. Und was unübersichtlich und ohne Gliederung ist, dürfte nur in den seltensten Fällen noch nachvollziehbar sein. Die Bedeutung der Gliederung kann gar nicht überschätzt werden. Es helfen der klügste Kopf und die besten Ergebnisse nichts, wenn in der Präsentation keine einfachen Schritte gefunden werden, mit denen man langsam auf sein Ziel hinarbeitet. Der Turm der Erkenntnis besteht aus einzelnen Bausteinen, die der Reihe nach aufeinander gestapelt werden müssen. Alles andere bleibt ein Haufen, in dem man vielleicht das eine oder andere findet, aber kein zusammenhängendes Bild erkennt. Um eine übersichtliche Darstellung zu erreichen, ist prinzipiell jede Erzählweise recht. Dabei bieten sich für den Historiker einige Erzählstrategien besonders an.

Erstens kann er ›die Geschichte‹, die sich aus seinen Forschungen ergibt, ihrer *Chronologie* nach erzählen. Er kann also, um im oben gewählten Beispiel zu bleiben, bei der Darstellung des Gebrauchs von Pfeil und Bogen bei den Griechen anfangen, über die Römerzeit bis zum Frühen Mittelalter fortschreiten, die Erfindung der Armbrust bis zum Aufkommen von Feuerwaffen erzählen, um schließlich deren Entwicklung anzuschließen. Diese chronologische Präsentation lässt sich auch auf den Kopf stellen: Sie fängt dann bei den modernen Waffen an, und schreitet zurück durch die Zeiten bis in die Antike. Bei beiden Formen darf die Konzentration auf die leitenden Hypothesen nie aus den Augen verloren werden.

Zweitens ist eine Strukturierung anhand des Kriteriums

Raum denkbar. Diese ist vor allem dann angezeigt, wenn es sich um eine vergleichende Darstellung handelt. Wer etwa über die Außenpolitik Großbritanniens und Deutschlands zwischen 1890 und 1914 arbeitet, kann erst die außenpolitische Geschichte des einen, dann die des anderen Staats beschreiben, um schließlich Parallelen und Unterschiede hervorzuheben.

Drittens ist eine Geschichtserzählung denkbar, die sich nach einer *Sachstruktur* richtet. So enthält die von Wolfgang Benz (geb. 1941) herausgegebene *Geschichte der Bundesrepublik Deutschland* (Frankfurt a. M. 1989) vier Bände, die die Bereiche ›Politik‹, ›Wirtschaft‹, ›Gesellschaft‹ und ›Kultur‹ abdecken.

Viertens ist auch eine *Simulation des Untersuchungsgangs* möglich. Wir können unsere Geschichte der Waffentechnik dadurch gliedern, dass wir zunächst unsere Ausgangsfrage nach der Geschwindigkeit von Geschossen anführen, dann darauf verweisen, welche Gründe diese These als nicht wesentlich gekennzeichnet haben und schließlich Argumente für die neue These von der Durchschlagskraft präsentieren.

In der Regel findet man bei Gliederungen Mischformen dieser Erzählstrategien. In seinem Werk *DDR. Grundriß der Geschichte* (Hannover ⁴1992 [zuerst 1976]) benutzte der Mannheimer Historiker Hermann Weber (geb. 1928) eine chronologische Gliederung, deren einzelne Kapitel er jeweils der Sache nach weiter differenzierte. Ein anderes Beispiel ist Ferdinand Seibts (1927–2003) Buch *Revolution in Europa. Ursprung und Wege innerer Gewalt* (München 1984). Hier werden zuerst der Sache nach in zwei Kapiteln »Strukturen« und »Elemente« von Revolutionen behandelt, um dann in einem dritten Kapitel »Exempel« für revolutionäre Handlungen in chronologischer Reihe aufzuzählen. Beide Bücher sind hinsichtlich ihrer Darstellungsweise nicht nur deshalb vorbildlich, weil sie auf bekannte und damit leicht verständliche Erzählmuster rekurrieren. Sie haben darüber hinaus auch eine ganz simple Aufgliederung dieser Muster in Kapitel und Unterkapitel, so dass schon ein kurzer Blick auf das Inhaltsverzeichnis den Gang der Darstellung im Groben erahnen lässt. Sie entsprechen damit einem darstellerischen Ideal, das man seit ein paar Jahren als *Komplexitätsreduzierung* bezeichnet und das zunächst nichts anderes bedeutet, als dass tiefgründige und netzartig verbundene Ergebniskomplexe in leicht verständliche Strukturen (Untergliederungen) aufgelöst werden.

6.2.3. Der Schluss

Ein wissenschaftliches Werk mit Schluss endet, ein Werk ohne Schluss verendet. Fehlt der Schluss, bleibt für den Leser häufig offen, was sein Erkenntnisgewinn aus der vorliegenden Arbeit sein soll. Der Schluss ist jener Teil der Darstellung, der am freiesten gestaltet werden kann.

Eine häufige Variante des Schlusses ist das *Fazit*. Hier werden noch einmal die wichtigsten Ergebnisse der Darstellung rekapituliert und in Zusammenhang gebracht, um so die in der Einleitung aufgeworfene Fragestellung zu beantworten. Für die Präsentation sehr komplexer Themen bietet es sich dagegen an, Zwischenfazits am Ende der einzelnen Kapitel einer Arbeit zu ziehen. In diesem Fall sollte auf eine nochmalige Wiederholung verzichtet werden. Als Alternative ist es angebracht, *weiterführende Gedanken* zu umreißen. So kann man etwa weitere Fragestellungen andeuten, die über die erzielten Ergebnisse hinausweisen oder bei zeitlich begrenzten Themen eine Vorausschau bieten, wie der weitere Gang der Geschichte ausgesehen hat. Eine andere Möglichkeit, einen guten Schluss zu konzipieren, besteht im *Vergleich der eigenen Forschung mit anderen Untersuchungen*. Hier kann man nochmals die eigenen Thesen im Unterschied zu Thesen anderer Wissenschaftler profilieren. Eine sehr reizvolle Schlussvariante zielt auf die *Konsequenzen*, die die eigenen Ergebnisse nach sich ziehen könnten. Diese Art des Schlusses spielt häufig in den Bereich der Politik hinein. So könnte man etwa am Ende einer Arbeit über die Geschichte der Kernkraft seiner Überzeugung Ausdruck geben, dass nach den bisherigen Erfahrungen diese Form der Energieerzeugung weiterhin genutzt oder abgeschafft werden sollte. Anders als in der Einleitung und im Hauptteil sind nämlich persönliche Wertungen im Schluss durchaus möglich und wünschenswert.

6.3. Formen wissenschaftlicher Darstellung

Die soeben aufgezählten inhaltlichen Konzeptionen treffen für alle Formen wissenschaftlicher Darstellungen zu, gleichgültig, ob diese mündlich oder schriftlich sind. Eine weitere Gemeinsamkeit beider Präsentationsweisen ist die Benutzung der *Fachsprache*. Zusammen mit der Philosophie ist die Geschichtswissenschaft die einzige Wissenschaft, die ihr Interesse auf alle Gegenstände menschlichen Denkens und Handelns zu allen Zeiten richtet. Sie wird darum auch *universal* genannt. Bedingt durch ihre Universalität hat unsere Wissenschaft im Laufe ihrer Geschichte nur einen relativ geringen Fachsprachschatz ausgebildet. Während kaum jemand anderes als ein Physiker von der ›Spektralanalyse‹ spricht, werden zentrale Kategorien des Historikers auch in der Alltagssprache und in den Fachsprachen anderer Disziplinen verwendet. Von ›Gesellschaft‹ beispielsweise spricht man in allgemeiner Bedeutung wie auch in der Soziologie. ›Modernisierung‹ kann als Fachterminus im Städtebau auftauchen. Und selbst Begriffe wie ›Authentizität‹ oder ›Verstehenslehre‹ sind in Disziplinen wie der Literaturwissenschaft oder der Philosophie mit bestimmten Bedeutungen versehen.

Das weitgehende Fehlen einer eigenen Fachsprache erschwert den Sprachgebrauch des Historikers. Er kann nicht wie ein Naturwissenschaftler, Mediziner oder Jurist das Vokabular seiner Disziplin auswendig lernen. Die notwendige Präzision seiner Begrifflichkeit erzielt er nur dadurch, dass er Termini, die er in einer bestimmten Bedeutung verwenden will, klar gegen deren allgemein- oder fachsprachliche Verwendung in anderen Wissenschaftsbereichen eingrenzt. Dies geschieht durch *Definitionen*. Der Begriff *Historismus* etwa bedeutet in der Kunstgeschichte eine Vermischung unterschiedlicher Stilelemente aus zurückliegenden Epochen (so genannter ›Stileklektizismus‹). Der Theologe Ernst Troeltsch (1865–1923) bezeichnete mit Historismus eine bestimmte Form des Denkens, die im Gegensatz zum abstrakten Vernunftdenken prinzipiell alles Tun und Sein geschichtlich in Blick nimmt. Der Berliner Historiker Friedrich Meinecke (1862–1954) dagegen definierte den Historismus als Epoche deutscher Geschichtswissenschaft im 19. Jahrhundert. Wer in seiner Arbeit diesen Begriff gebraucht, muss genau angeben, welche Bedeutung er damit verbindet (»Historismus wird im Folgenden verstanden als ...«).

Friedrich Meinecke: Die Entstehung des Historismus. Stuttgart [u. a.] [4]1965. (Werke. Bd. 3.) [Zuerst 1936.]
Troeltsch, Ernst: Der Historismus und seine Probleme. Tübingen 1922. (Gesammelte Schriften. Bd. 3.)

Viele der gebräuchlichen Begriffe leiten sich von lateinischen Worten ab. Für ›Relevanz‹ oder ›Fiktion‹ gibt es kaum gute deutsche Synonyme. Daher enthalten historische Darstellungen häufig eine ganze Reihe von Latinismen, über deren Bedeutung man sich genau in Sachwörterbüchern oder Fremdsprachenlexika informieren sollte. Generell gilt aber, dass der Gebrauch von fremdsprachlichen Ausdrücken zu vermeiden ist, wenn vergleichbare deutsche existieren. Eine historische Darstellung gewinnt nicht nur Klarheit dadurch, dass sie übersichtlich gegliedert ist, sondern auch dadurch, dass sie eine verständliche Sprache benutzt. Hierzu gehören drei Punkte: *Erstens* sollten wissenschaftliche Arbeiten durch ihren Inhalt ein gelehrtes Auftreten gewinnen, nicht indem sie durch unnötige Fremdworte Bildung heucheln. *Zweitens* sollte auch die Sprache *komplexitätsreduzierend* wirken. Das heißt, dass schwierige Komplexe möglichst nicht langwierig umschrieben, sondern auf den Nenner, also den Begriff, gebracht werden müssen. *Drittens* muss auch der Satzbau übersichtlich sein. Hypotaxen (Schachtelsätze) ermüden den Leser und erschweren das Verständnis. Die Kunst, Sachverhalte in kurze, prägnante Begriffe und Sätze zu fassen, sollte unbedingt geübt werden.

6.3.1. Der Vortrag, das Referat

Lampenfieber ist ein unangenehmes Gefühl und hat schon manchen inhaltlich guten Vortrag zu einem bedauernswerten Gestotter werden lassen. Unsichere Referenten neigen zu dem Fehler, ihre Vorträge zu verschriftlichen und abzulesen, was auf den Zuhörer häufig ermüdend und langweilig wirken kann. Es gibt bessere Strategien, mit der Aufregung fertig zu werden. Zunächst einmal sollte jedem bewusst sein, der vor anderen Historikern spricht, dass auch diese das Gefühl des Lampenfiebers kennen. Niemand wird sich über Stotterer und Haspler lustig machen, der selbst schon vor ein Auditorium treten musste. Dann sollte möglichst frei gesprochen werden. Hierzu sind schriftliche Unterlagen notwendig, die Zitate zum Vorlesen und Stichworte als Gliederung des Vortrags enthalten. Beim freien Vortrag besteht die Möglichkeit, dem Hörer in die Augen zu schauen. Dies wirkt verbindlich und gibt eine Rückmeldung, dass die eigenen Worte angekommen sind. Schließlich ist es günstig, den Vortrag im Stehen zu referieren. Zum einen ist die Atmung dann freier als im Sitzen, was wiederum den Herzschlag reduziert und die Aufregung sinken lässt. Zum anderen müssen die Hörer zu Redner oder Rednerin aufschauen: Man besitzt also einen psychologischen Vorteil.

Bei der Einleitung von Vorträgen und Referaten ist es ratsam, vor Beginn der eigentlichen wissenschaftlichen Präsentation ein besonderes Augenmerk auf Höflichkeitsformeln zu legen. Hierzu gehört eine Begrüßung, die *alle* Teilnehmer des Hörerkreises umfasst. Findet der Vortrag nicht als Referat in einem Seminar, einer Übung oder einem regelmäßigen Arbeitskreis statt, sondern ›als etwas Besonderes‹ z. B. auf einer Tagung, sollte man außerdem denjenigen danken, die dorthin eingeladen haben. Darüber hinaus gilt zu berücksichtigen, ob der Vortrag in einen bestimmten Rahmen eingebettet ist, zu dem ein kurzer Bezug hergestellt werden sollte.

Im Hauptteil ist der Referent, mehr noch als bei schriftlichen Arbeiten, auf eine einfache und mit auflockernden Elementen durchsetzte Sprache angewiesen. Witzige Pointen ohne Albernheiten, illustrative Beispiele und gekonnte Bezüge zu Literatur, Kunst oder Zeitgeschehen sichern die Aufmerksamkeit des Hörers während des Hauptteils.

Für den Schluss sollten die in Kap. 6.2.3. beschriebenen Vorgaben eingehalten werden. Außerdem gehört ein »Dankeschön für Ihr Interesse / Ihre Aufmerksamkeit« zum guten Ton.

Behmel, Albrecht [u. a.] (Hrsg.): Referate richtig halten. Know-How für erfolgreiches Studieren. Stuttgart 2001.

6.3.2. Das Thesenpapier

Eine der während des Studiums am häufigsten geforderten und in den seltensten Fällen zufriedenstellend gelösten schriftlichen Fixierungen von Forschungsergebnissen stellt das Thesenpapier dar. Nimmt man es beim Wort, so enthält das Thesenpapier *wissenschaftliche Behauptungen*, die durch ein Referat belegt werden sollen. Diese Form des Thesenpapiers soll nicht den Inhalt des Vortrags zusammenfassen, sondern zur Diskussion anreizen. Je provokanter die Thesen sind, desto lebhafter wird die Diskussion im Anschluss an den Vortrag sein. Eine andere Form des Thesenpapiers zielt eher auf eine *Zusammenfassung der Untersuchungsergebnisse*. Sie ist quasi ein Ergebnisprotokoll des Vortrags. Der Zuhörer kann so bei der Diskussion mit dem Referenten Aussagen in Zusammenhang mit anderen Ergebnissen stellen. Eine dritte Variante gibt die *Gliederung des Vortrags* wieder. Sie funktioniert wie ein gutes Inhaltsverzeichnis einer schriftlichen Darstellung und kann den Hörer durch den Vortrag leiten bzw. ihm ein Anknüpfen an den roten Faden ermöglichen, wenn dieser ihn verloren hat. Eine weitere Art des Thesenpapiers kann sich in einer *Zeitleiste* erschöpfen. Sollte die Darstellung von Sachverhalten einer Gliederung dem Raum nach oder der Sache nach folgen, hat der Zuhörer in diesem Fall immer die Möglichkeit, einen Entwicklungsgang in seinen Daten parallel mitzuverfolgen. Schließlich ist auch ein Papier denkbar, das *weitere Informationen* bietet, die im Vortrag keine Erwähnung gefunden haben und ergänzend auf ihn wirken sollen. Damit können beispielsweise statistische Werte, tabellarische Übersichten oder Karten vorgelegt werden, deren Einflechtung in das Referat den Fluss der Darstellung stören könnte.

Natürlich sind auch alle diese Formen eines Thesenpapiers miteinander kombinierbar und können mit einer *Auswahlbibliographie* versehen werden, mit der der interessierte Hörer das Thema später weiterverfolgen kann. Wichtig ist, dass der Umfang des Thesenpapiers so begrenzt bleibt, dass es ›nebenbei‹ während des Vortrags überschaubar ist. Ideal ist – bei einem Referat von 15 bis 30 Minuten Dauer – eine Länge von maximal zwei Textseiten.

Thesenpapiere, die im Kontext eines Seminars oder einer Tagung verfasst werden, sollten eine Kopfzeile enthalten, in der der Name des Dozenten, der Titel der Veranstaltung und der Name und das Thema des Referenten genannt sind. Auch eine Datierung ist sinnvoll.

Lassen es die technischen Gegebenheiten während eines Referats zu, so bietet es sich an, den mündlichen Vortrag visuell zu unterstützen. Dies kann je nach Thema durch Dias oder Bilder geschehen – zum Beispiel bei einem Vortrag über die Stadt Köln im Mittelalter, indem Abbildungen von zeitgenössischen Stadtansichten, Fotos von archäologischen Fundstücken, Rekonstruktionen etc. gezeigt werden. Ähnliches gilt für Tondokumente. Auch die genannten Formen des Thesenpapiers lassen sich vortragsbegleitend einbringen, wenn beispielsweise ein Tageslichtschreiber (Overheadprojektor) benutzt wird. Die technisch ausgereifteste Form der audiovisuellen Unterstützung eines Vortrags ist zur Zeit die computergestützte Präsentation, die sich technisch auch für EDV-Laien relativ einfach bewerkstelligen lässt. Computergestützte Präsentationen können Bilder, Filme, Ton und Animationen kombinieren; sie können über einen Projektor (Beamer) vermittelt werden und lassen sich vom Redner selbst während des Sprechens leicht steuern.

Die Unterstützung eines Vortrags mit einem Thesenpapier oder anderen Medien ist sehr zu empfehlen. Sie vermittelt nicht nur unterschiedliche Informationen auf mehreren Sinneskanälen, sondern hat auch noch Unterhaltungscharakter durch Abwechslung. Gleichwohl sollte darauf geachtet werden, dass die durch Medien ergänzten Informationen auf den Inhalt bezogen sind und nicht um ihrer selbst willen angebracht werden. Besonders bei computergestützten Präsentationen ist die Gefahr groß, dass Illustrationen und Einspielungen den eigentlichen Vortrag in den Hintergrund treten lassen und der wissenschaftliche Eindruck durch optische und akustische Anekdötchen verstellt wird oder dass sich Vortragstext und graphische Darstellung so weit annähern, dass sie zu einer für das Publikum ermüdenden Doppelung der Aussage tendieren.

6.3.3. Das Protokoll

Bei Protokollen historischer Vorträge oder Diskussionen ist in der Kopfzeile das Thema des Vortrags oder der Diskussion mit Datum und Nennung des Referenten oder Veranstalters zu nennen (Beispiel 1: »Protokoll des Vortrags von Prof. XY über das Thema ›Geschichte des Sports‹ am 15.9.2001«; Beispiel 2: »WS 2000/01, Prof. Dr. XY, Proseminar ›Geschichte der Weimarer Republik‹, Protokoll der Sitzung vom 20.1.2001 über das Thema ›Fußball in den 20er Jahren‹«). Auch der Name des Protokollanten muss angegeben werden. Dies kann ebenfalls in der Kopfzeile oder am Schluss des Protokolls erfolgen. Außerdem sollte man daran denken, dass Protokolle keine Stenogramme sind. Ihr Sinn besteht nicht darin, alles wiederzugeben, was gesagt wurde. Vielmehr enthalten sie nur wesentliche Aussagen und Ergebnisse und sind in ihrem Umfang begrenzt. Um ein gutes Protokoll zu schreiben, bedarf man also der Fähigkeit, Wichtiges von Unwichtigem zu trennen. Wenig sinnvoll ist es, ein so genanntes *Gedächtnisprotokoll* zu verfassen. Historische Zusammenhänge und besonders Diskussionsverläufe sind mitunter zu komplex, um sie später aus dem Gedächtnis gut nachvollziehen zu können. Günstiger ist es deshalb, sich während des Referats oder der Debatten Stichpunkte zu notieren, die man später auswerten kann.

Die einfachste Form des Protokolls ist das *Verlaufsprotokoll*. Es enthält alle wichtigen Aussagen des Vortrags bzw. die markantesten Diskussionspunkte. Am Anfang oder Ende dieser Protokollform kann ergänzend eine stichwortartige Zusammenfassung der Hauptergebnisse voran- bzw. nachgestellt werden.

Diese Übersicht empfiehlt sich auch für einen anderen Protokolltyp: das *Ergebnisprotokoll*. Es folgt nicht der Chronologie von Vortrag oder Diskussion, sondern vermittelt Fragestellungen und deren Beantwortung. Bei einem Vortrag können hier die Thesen des Referenten angegeben werden, die Argumente, mit denen er sie belegt und die Schlüsse, die er hieraus zieht. Bei einer geordneten Diskussion, die einem formalen Aufbau folgt (z. B. eine Sitzung des Historischen Instituts mit einer schriftlichen Einladung, auf der zu erörternde Probleme genannt sind) müssen Tagesordnungspunkte erwähnt werden. Bei ›wilden‹ Diskussionen, die also keinem vorab festgelegten Plan folgen, hat der Protokollant bestimmte Diskussionsschwerpunkte herauszufiltern, zu denen er das Für und Wider und gegebenenfalls auch den Kompromiss angibt. Die Qualität dieser Protokollform hängt wie die jeder guten historischen Arbeit von einer einfachen und nachvollziehbaren *Gliederung* ab.

6.3.4. Klausuren und mündliche Prüfungsvorträge

Klausuren und mündliche Prüfungen sind jedem Studenten aus der Schulzeit gut bekannt. Sie sind auch während der universitären Ausbildung Bestandteil von Prüfungen sowohl in Seminaren und im Anschluss an Vorlesungen als auch bei Abschlussprüfungen. Wenngleich sich Klausuren und mündliche Prüfungen dadurch auszeichnen, dass ihre Themenstellung bzw. die gestellten Fragen dem Prüfling unbekannt sein sollten, kann man beide Prüfungsformen planen. Um sie qualitätvoll zu absolvieren, muss man nämlich nicht nur ›viel wissen‹, sondern auch sein Wissen gegliedert vorzutragen verstehen. Hierzu bietet es sich zunächst an, möglichst in Kontakt zum Prüfer zu treten. Je mehr ich über dessen thematische Vorlieben weiß (z. B.

auch durch einen Blick auf die Veröffentlichungsliste oder das Angebot der Lehrveranstaltungen) und mögliche Hinweise erhalte, umso besser kann ich das erwartete Prüfungsgeschehen einschätzen. Aber auch ohne den Prüfer zu kennen, können beide Prüfungsformen geplant werden, schließlich ist dem Prüfling in der Regel das Thema seiner Prüfung bekannt. Es gilt also, sich bei Klausuren und mündlichen Prüfungen vorab Gedanken zu machen, was die wichtigsten Punkte des vorgesehenen Themas sind und in welchem Zusammenhang diese stehen könnten. Außerdem kann der Absolvent eigene Fragestellungen entwickeln, die ihn wissenschaftlich profiliert erscheinen lassen werden. Geht man in eine Klausur, ist es sehr hilfreich, mehrere unterschiedliche Gliederungen, die auf mögliche Themenstellungen anwendbar sind, im Kopf zu haben. Selbst wenn die erwartete Frage dann nicht exakt gestellt wird, kann man häufig Bausteine des eigenen Gliederungskonzepts Gewinn bringend verwenden.

Für die Klausur ist der oben behandelte Grundsatz, dass eine historische Arbeit aus einer Einleitung, einem Hauptteil und einem Schluss besteht, unbedingt zu beachten. Um überhaupt zum Schluss zu gelangen, ist hier aber auch eine vernünftige Zeitplanung gefragt. Um zu testen, wie viel sich in dem gesteckten Zeitrahmen schreiben lässt, empfiehlt es sich, sich vorab von einer geeigneten Person ein Probethema stellen zu lassen, an dem man den ›Ernstfall‹ testet. Es ist nämlich wesentlich günstiger, weniger zu schreiben, aber dafür thematisch umfassender, als in Zeitnot Teile auszulassen oder ungenügend zu behandeln.

6.3.5. Der Aufsatz, die Seminararbeit, der Essay

Ähnlich dem Verhältnis von Monographien im historiographischen Veröffentlichungsbetrieb zu Examens- oder Magisterarbeiten im Studium, entsprechen die Aufsätze den Seminararbeiten. Aufsätze und Seminararbeiten präsentieren in der in Kap. 6.1. und 6.2. beschriebenen methodischen und inhaltlichen Form begrenzte historische Sachverhalte. Eine Geschichte der Waffentechnik von der Antike bis zur Gegenwart zu schreiben, ist eine Aufgabe, die durch eine Monographie bewältigt werden muss. Sie ist zu ausufernd, als dass sie sich in einem Aufsatz darstellen ließe. Dagegen ist eines ihrer Unterthemen, zum Beispiel »Gründe für die Erfindung der Armbrust«, durchaus für eine kurze Darstellung geeignet. Aufsätze und Seminararbeiten zeichnen sich dadurch aus, dass sie methodisch nachvollziehbar sind. Dies bedeutet nicht nur, dass sich eine Fragestellung finden muss, deren Beantwortung sich durch den Lauf der Darstellung ergibt. Vielmehr müssen auch Belege für die angeführten Argumente und Ergebnisse in den Text eingebaut werden. Dies geschieht durch das *Zitieren* (s. Kap. 6.4.3.). Als Zitat bezeichnet man die wörtliche oder sinngemäße Übernahme von Äußerungen anderer. Die alleinige Behauptung, dass dieses oder jenes Ereignis stattgefunden habe, reicht häufig nicht aus. Sie muss unterstützt werden, indem ich Belegstellen hierfür anführe. Diese können entweder den Quellen entstammen oder Ergebnisse der Sekundärliteratur sein, die ich als erwiesen ansehe und denen ich mich anschließe. Ein formales Merkmal von Aufsätzen ist darum das *Verweissystem*, das über die Verwendung von *Anmerkungen* und *Fußnoten* aufgebaut wird. In den Anmerkungen können untergebracht werden:

1. Hinweise auf wörtliche Zitate im Text;
2. Hinweise auf sinngemäße Zitate im Text;
3. Angabe weiterer Details zu Ausführungen im Text, die den Fluss der Erzählung dort behindern würden und nur am Rande für deren Fortgang von Interesse sind;
4. Kommentierungen der eigenen Darstellung, wie zum Beispiel die Verortung der vertretenen Auffassung unter anderen (»Die hier vertretene These schließt sich der

von ... an«. »Sie steht im Gegensatz zu der These von ..., die behauptet, dass ...«);
5. Angabe ergänzender Quellen oder Sekundärliteratur.

Eine Seminararbeit kann dann als geglückt bezeichnet werden, wenn sie methodisch begründete Ergebnisse in gegliederter Form wiedergibt und dabei alle in Kap. 6.4. aufgeführten formalen Kriterien in korrekter Form berücksichtigt. Da Aufsätze in *Periodika* (Zeitschriften, Jahrbücher etc.) oder Sammelbänden erscheinen, die nur begrenzten Raum bieten, entfällt bei ihnen im Gegensatz zur Seminararbeit in der Regel das Titelblatt sowie das Inhalts-, Quellen-, Literatur- und Abkürzungsverzeichnis.
Anders als der Aufsatz / die Seminararbeit arbeitet der historische Essay ohne Anmerkungsapparat und verzichtet ebenso auf die anderen formalen Elemente, die auch beim Aufsatz fehlen. Der Nachteil des Essays ist, dass er nur wenig zitiert (gelegentlich kann man auch im Essay durch in Klammern gestellte Hinweise auf Quellen und Literatur verweisen, wie in diesem Band auf Beispielliteratur) und also eher Thesen und Ergebnisse referiert. Der Vorteil des Essays ist dagegen, dass er durch die Weglassung des wissenschaftlichen Apparats häufig flüssiger zu lesen ist und besser geeignet erscheint, einen umfassenderen Überblick zu geben. Eine Geschichte der Waffentechnik beispielsweise ließe sich durchaus als Gegenstand eines Essays denken. Zwar dürfte dieser Essay dann kaum Zitate enthalten und müsste auch mit Hinweisen auf Belegstellen sparen, doch ließe sich die große These von der Durchschlagskraft anhand einiger Beispiele sehr anschaulich machen. Weil der Essay auf ergänzende Belege verzichtet, muss bei ihm noch mehr als beim Aufsatz / der Seminararbeit besondere Aufmerksamkeit auf die logische Verknüpfung des Gedankengangs gelegt werden. Eine Kette rein thesenhafter Behauptungen und deren unbewiesene Beantwortung reichen nicht aus. Die Kunst eines guten Essays besteht dar-

in, dass sich ein Ergebnis als notwendige Folge des zuvor Genannten lesen lässt. Der Essay gewinnt Überzeugungskraft aus seiner Plausibilität. Wenn dem Leser ein Argument einleuchtet und ein zweites sich logisch daran anknüpft, wird er geneigt sein, auch dieses zu akzeptieren. Durch diese Eigenschaft bietet sich die Verwendung der essayistischen Form besonders bei der Behandlung von Grundsatzproblemen an. Will ich *en detail* die Hintergründe der Erfindung der Armbrust im hohen Mittelalter präsentieren, empfiehlt sich die Aufsatzform hierfür. Will ich das Argument von der Durchschlagskraft als Interpretationsmuster präsentieren, benutze ich besser den Essay. Während im ersten Fall die These dazu gebraucht wird, historische Sachverhalte zu erklären, werden im zweiten Fall historische Sachverhalte als Beispiele für die Gültigkeit einer These geliefert. Während der historische Essay in den englischsprachigen Ländern eine sehr beliebte Darstellungsform ist, hat er sich in Deutschland noch nicht gegen den Aufsatz / die Seminararbeit durchsetzen können. Wer seine Leistungen im Rahmen des Studiums gern durch einen Essay erbringen möchte, sollte vorher unbedingt abklären, ob dies (von der Studienordnung) erlaubt und (vom Dozenten) gewünscht ist.

6.3.6. Die Monographie, die Magister- bzw. Examensarbeit

Der Traum jedes Historikers ist das *opus magnum*, das große Werk, das von vielen gelobt und gelesen wird. Die Berühmtheit großer Historiker basiert in der Regel nicht auf ihren Aufsatzbeiträgen, sondern auf längeren Schriften, in denen sie ihre ganz eigene Sichtweise auf ein Thema dargelegt haben. Solche Schriften nennt man Monographien. Eine Monographie/Examensarbeit stellt im Gegensatz zum Aufsatz / zur Seminararbeit ein Thema von übergeordnetem Interesse dar. Sie setzt umfassende methodisch regulierte Forschungen voraus, sollte eine breite Quellen- und Literaturgrundlage haben, erhält aber ihren Wert durch die Vorstellung neuer Ergebnisse auf der Grundlage neuartiger Hypothesen (s. Kap. 4.2.1.).

Die Qualität einer Monographie/Examensarbeit hängt davon ab, inwiefern sie theoretisch (Hypothesenbildung) und inhaltlich (Ergebnisbildung) innovativ wirken bzw. inwiefern sie Wissen kompakt und gut verständlich präsentieren kann. Vom formalen Aufbau her sind Monographien/Examensarbeiten wie Seminararbeiten immer klar strukturiert (Gliederung). Ihre Länge kann zwischen ein paar Dutzend Seiten und mehreren Bänden variieren. Als Inbegriff historischer Darstellung überhaupt ist die Monographie/Examensarbeit der Versuch, das eigene Denken so auszuweisen, dass sich der Leser ihm anschließen kann.

Die Examensarbeit ist damit dem Gesellenstück in der gewerblichen Ausbildung vergleichbar: Bei ihr geht es darum zu zeigen, dass man sein Handwerk beherrscht und darüber hinaus eigenständige, überzeugende Ideen entwickeln kann. Examensarbeiten sollten unbedingt in ständiger Rücksprache mit ihrem Betreuer (Gutachter) konzipiert werden; empfehlenswert ist es auch, das gewählte Thema anderen Historikern so rechtzeitig vorzutragen (z. B. im Examenskolloquium), dass Denkanstöße und Kritik noch berücksichtigt werden können.

6.4. Der formale Aufbau wissenschaftlicher Darstellungen

Noch Ende der 1980er Jahre bat man an den Universitäten darum, wissenschaftliche Qualifikationsarbeiten möglichst nicht per Hand, sondern mit mechanischen Hilfsmitteln zu schreiben. Inzwischen gibt es wohl kaum mehr Studenten, die ihre Schriften nicht mit einem Rechner verfassen. Der Einzug elektronischer Texterstellung hat zu einem ›Layoutboom‹ geführt. Vielen Studenten erscheint es nicht mehr ausreichend, eine übersichtlich gestaltete Textseite abzugeben. Variationen von Schriftarten und -größen, das Einfügen von Bildern und Tabellen, besondere Aufzählungs- und Nummerierungsverfahren haben Einzug in die Gestaltung historischer Arbeiten gehalten. Hiergegen ist zunächst nichts einzuwenden. Ganz im Gegenteil: Wer seiner Arbeit ein ansprechendes Äußeres geben kann, mag vielleicht sogar einen Vorteil erzielen. Abzuraten ist aber von Textfassungen, die ›overstyled‹ sind. Spielereien und unnütze graphische Elemente lenken ab vom Inhalt und wirken außerdem häufig lächerlich. Denn wenn vom formalen Aufbau historischer Darstellungen die Rede ist, handelt es sich dabei um geforderte Präsentationsformen, die funktional auf den Inhalt der Darstellung zugeordnet sind. Nicht auf das Besondere kommt es an, sondern auf das besonders Angemessene. Ebenfalls sehr wichtig ist eine *penible* Durchsicht von Texten im Hinblick auf Orthographie- und Grammatikfehler. Schlecht redigierte Texte wirken schlampig – gleichgültig, wie qualitätvoll sie sind. Eine hohe Fehlerquote erweckt leicht den Eindruck, dass Inhalte ›mal eben‹ ohne große Überlegung formuliert worden seien. Bei Qualifikationsarbeiten kommt hinzu, dass die Annahme der Arbeit bei hoher Fehlerzahl verweigert werden kann bzw. sich eine hohe Fehlerquote in Notenabzügen niederschlägt.

6.4.1. Allgemeine Formatierung

Generell sollte man für seine Arbeit eine Schriftart mit Serifen (›Füßchen‹ am Buchstaben) verwenden, die sich besser lesen lässt als eine serifenlose. Eine gute Standardschrift ist »Times New Roman«. Die übliche Schriftgröße für den Text beträgt 12 pt, für die Anmerkungen 10 pt (*Petit*). Überschriften werden durch Unterstreichung, Fett-, Kursivdruck und/oder eine andere Schriftart hervorgehoben. Der Zeilenabstand beträgt im Text 1½ Zeilen, im Quellen- und Literaturverzeichnis ist er einzeilig. Der Fließtext sollte in gedankliche Abschnitte unterteilt sein, die durch einen Absatz kenntlich gemacht werden. Zur Hervorhebung eines Absatzes fügt man entweder eine Leerzeile ein oder rückt die erste Zeile um etwa einen Zentimeter ein. Der rechte Seitenrand bei Seminararbeiten sollte so breit sein, dass Korrekturen festgehalten werden können (etwa 6 cm). Die Seiten werden mit Beginn der Einleitung laufend fortnummeriert. Die Zählung beginnt aber mit dem Titelblatt. Bei längeren Arbeiten empfiehlt sich außerdem eine Kopfzeile, in der der Titel des jeweiligen Kapitels vermerkt ist.

6.4.2. Das Titelblatt

Seminararbeiten beginnen mit einem Titelblatt, auf dem der Name der Universität, der Titel des Seminars mit Angabe des Semesters, Name des Dozenten, Thema der Arbeit, Name des Autors, dessen Anschrift, Studienfächer und Fachsemesterzahl (s. Beispiel) zu nennen sind. Für die Gestaltung von Titelblättern zu Examens- und Magisterarbeiten existieren in der Regel besondere Vorgaben, die in den Prüfungsunterlagen enthalten sind. Diese sollten genau eingehalten werden, da sonst ein formales Kriterium zur Ablehnung der Arbeit gegeben ist. Ein Beispiel gibt einen groben Eindruck davon, wie ein solches Titelblatt aussehen könnte (s. Anhang S. 166/167).

6.4.3. Das Inhaltsverzeichnis

Die zweite Seite einer Seminar-, Examens- oder Magisterarbeit bzw. die dritte Seite einer Monographie enthält das Inhaltsverzeichnis, in dem alle Kapitel und Unterkapitel der Darstellung aufgeführt sind. Im Kopf des Inhaltsverzeichnisses steht die Überschrift »Inhalt«. Die Auflistung der Kapitel erfolgt laufend nummeriert. Hierzu gibt es mehrere mögliche Varianten:

Erstens kann man Einleitung, Hauptteil und Schluss sowie den Anhang als eigenständige Teilbereiche der Arbeit ausweisen, indem man diese mit Großbuchstaben durchnummeriert und ihnen entsprechende Kapitel in arabischer Zahlenzählung unterordnet. Unter diese Kapitel ist eine weitere Unterordnung von Unterkapiteln ebenfalls in arabischer Zählung (1, 2, 3 …) möglich. Am Ende jeder Überschrift ist anzugeben, auf welcher Seite das entsprechende Kapitel beginnt. Der Raum zwischen Überschrift und Seitenzahl kann mit Punkten gefüllt werden. Dies sieht etwa so aus, wie das Beispiel im Anhang dieses Bandes zeigt (s. S. 165):

Anstelle von Großbuchstaben können auch lateinische Ziffern (I, II, III …) treten. Das hieße dann:

I   Einleitung 4
II Hauptteil 7
   1. Die Benutzung von Pfeil und Bogen 7
      1.1. Die Benutzung von Pfeil und Bogen
          in der Antike 7
         1.1.1. Die Benutzung von Pfeil und Bogen
             in Griechenland 8
etc.

Wer Einleitung, Hauptteil und Schluss nicht gesondert auszeichnen möchte, kann *zweitens* eine einfache Durchnummerierung mit arabischen Ziffern benutzen:

1. Einleitung 4
2. Die Benutzung von Pfeil und Bogen 7
   2.1. Die Benutzung von Pfeil und Bogen
      in der Antike 7
     2.1.1. Die Benutzung von Pfeil und Bogen
          in Griechenland 8
etc.

Wichtig ist, dass die Hierarchie (Unterordnung) der Kapitel und Unterkapitel deutlich wird. Zu diesem Zweck beginnen die Hauptkapitel am linken Seitenrand. Die Unterkapitel erster Ordnung sind ein wenig eingerückt. Die Unterkapitel zweiter und folgender Ordnungen sind noch ein Stück weiter eingerückt (s. Beispiel). Zur Verdeutlichung der Hierarchie kann auch mit verschiedenen Schriftgrößen, -arten und Elementen wie »**Fett-**« und »*Kursivsatz*« bzw. mit »KAPITÄLCHEN« gearbeitet werden. Hierbei sollte berücksichtigt werden, dass allzu viele Formatierungselemente eher unübersichtlich wirken. Alle üblichen Textverarbeitungsprogramme enthalten gute und leicht anzuwendende Vorlagen zur automatischen Erstellung von Inhaltsverzeichnissen. Voraussetzung hierfür ist, dass alle im Text vorkommenden Überschriften als solche markiert worden sind. Wer mit der automatischen Formatierung der Überschriften im Text oder Inhaltsverzeichnis nicht zufrieden ist, kann auch eine eigene Formatvorlage erstellen, die dann als Standard für alle markierten Überschriften übernommen wird.

6.4.4. Zitierweisen

Die zentrale Funktion von Zitaten wurde bereits in Kap. 6.3.5. beschrieben. Belege, woher ein Zitat stammt, nennt man *Anmerkungen*. Die Zugehörigkeit von Anmerkungen zu einem Zitat wird dadurch gekennzeichnet, dass das Zitat mit einer *Fußnote* versehen wird, die sich vor dem entsprechenden Hinweis im Anmerkungsteil wiederfindet.

Allgemein zum Folgenden:
Jele, Harald: Wissenschaftliches Arbeiten: Zitieren. München/Wien 2003.

6.4.4.1. Fußnoten und Anmerkungen

Das Einfügen einer Fußnote geschieht bei allen gängigen Textverarbeitungsprogrammen automatisch, wobei bei wissenschaftlichen Arbeiten (mit ganz wenigen Ausnahmen) die arabisch-numerische, nicht die lateinische und nicht die alphabetische Nummerierungsform zu wählen ist.

- Am gebräuchlichsten ist es, Fußnoten fortlaufend zu nummerieren.
- Bei Arbeiten mit vielen Anmerkungen ist auch eine kapitelweise Nummerierung möglich. Das jeweils nächste Kapitel beginnt dann wieder mit der Fußnote »1«.
- Weniger häufig anzutreffen ist die seitenweise Nummerierung der Fußnoten (jede neue Seite beginnt wieder mit Fußnote »1«).

Auch die Anmerkungen können an verschiedenen Stellen eingefügt werden.

- Am häufigsten finden sich *Anmerkungen am Ende der Seite*, auf der die entsprechende Fußnote zu finden ist. Sie sind in einer kleineren Schriftgröße (*Petit*) gesetzt und durch einen Strich vom Textkörper getrennt – mit einem halblangen Strich, wenn der Anmerkungsteil mit einer neuen Anmerkung beginnt oder mit einem durchgehenden Strich, wenn der Anmerkungsteil eine Anmerkung von der vorhergehenden Seite fortführt (diese Unterscheidung nimmt das Fußnotenprogramm automatisch vor). Diese Anmerkungsform bietet sich bei Texten an, bei denen der Leser die textergänzende Information ›auf einen Blick‹ bekommen soll.
- Anmerkungen können auch gesammelt am Textende erscheinen. Die ihnen entsprechenden Fußnoten werden dann als *Endnoten* bezeichnet. Diese Form der ›Annotation‹ (Verwendung von Anmerkungen) bietet sich für

Arbeiten an, die eher essayistisch verfahren. Sie verbannen den Anmerkungsapparat an das Textende, um den Lesefluss, der stärker auf dem logischen Zusammenhalt als auf dem Quellen- und Literaturbeleg aufbaut, nicht zu stören.
- Schließlich ist es auch möglich, alle *Anmerkungen zu einem Kapitel* an dessen Ende anzuhängen. Diese wenig anzutreffende Annotationsart ist dann sinnvoll, wenn die einzelnen Kapitel sehr unterschiedlich sind und kein Quellen- und Literaturverzeichnis im Anhang vorhanden ist. Die Anmerkungen am Kapitelende können dann die Funktion einer Auswahlbibliographie zum Kapitelthema übernehmen.

6.4.4.2. Zitieren im Text

Zitate im Text können wörtlich oder sinngemäß angeführt werden. Wörtliche Zitate werden in »doppelte« Anführungszeichen gesetzt. Sie müssen nicht ganze Sätze umfassen, sondern können aus nur einem Wort oder aus Satzteilen bestehen. In diesem Fall werden aber auch nur das eine Wort oder der Satzteil in Anführungszeichen gesetzt, nicht die Satzbestandteile, die wir hinzufügen. Ein Beispiel: Einem erfundenen Historiker zufolge hat die Angabe von Zitatstellen »so genau zu sein, daß die Kontrolle des Zitats für Leser ohne Probleme möglich« sei. Das ›daß‹ wird in diesem Fall nach der alten Rechtschreibung mit ›ß‹, nicht mit ›ss‹ geschrieben, weil es so im Original (›Die Angabe von Zitaten hat so genau zu sein, daß die Kontrolle des Zitats für Leser ohne Probleme möglich ist‹) steht; Ähnliches gilt für ältere Rechtschreibregelungen (z. B. ›studiren‹ statt heute ›studieren‹ oder ›That‹ statt heute ›Tat‹). Das ›sei‹ befindet sich in unserem Beispiel außerhalb der Anführungszeichen, weil es nicht im Original enthalten war. Wenn wir Satzteile als Zitate in unsere eigenen Satzkonstruktionen einbauen, ist es möglich, dass wir Hilfsverben oder Partikel des Originals entfernen bzw. eigene hinzufügen müssen. Ausgenommen wir wollen unser erfundenes Zitat anders einleiten, dann sähe dies so aus: Dem Historiker XY zufolge muß die »Angaben von Zitaten […] so genau […] sein, daß die Kontrolle des Zitats für Leser ohne Probleme möglich ist«. Die überflüssigen Worte ›hat‹ und ›zu‹ aus dem Original wurden von uns durch Auslassungszeichen ersetzt. Dies sind entweder drei Punkte oder drei Punkte in eckigen Klammern. Fügen wir Worte in ein Zitat ein, dann markieren wir dies, indem wir sie ebenfalls in eckige Klammern setzen. Wenn der Originalsatz beispielsweise lautet: ›Unvoreingenommenheit muß für den Wissenschaftler eine Voraussetzung, Unparteilichkeit eine Pflicht sein.‹, dann können wir zitieren: Der Historiker XY fordert, dass »Unparteilichkeit [für den Wissenschaftler] eine Pflicht sein« müsse. Ebenfalls in Klammern gehören Erläuterungen, mit denen wir das Zitat versehen, etwa dann, wenn nicht klar wird, wer oder was mit dem Satzsubjekt oder -objekt bezeichnet ist. In diesem Fall setzen wir unsere Initialen hinzu. Der Originalsatz lautet: ›Sie wird zum eigentlichen Forschungsgegenstand seiner späten Schriften und Vorlesungen »Wirtschaft und Gesellschaft« und »Die Wirtschaftsethik der Weltreligionen«.‹ Wir zitieren nun: »Sie [die Rationalisierung, SJ] wird zum eigentlichen Forschungsgegenstand seiner [Max Webers, SJ] späten Schriften und Vorlesungen ›Wirtschaft und Gesellschaft‹ und ›Die Wirtschaftsethik der Weltreligionen‹.« Drei Eigenarten des Zitierens sind in diesem Auszug aus Gregor Schöllgens (geb. 1952) Biographie über *Max Weber* (München 1998) enthalten: Erstens wird das Subjekt, zweitens das Objekt erörtert und drittens werden die im Original in doppelten Anführungsstrichen zitierten Werke Webers bei uns in einfache Anführungszeichen gesetzt. Während also das Zitat doppelt angeführt wird, markiert man das Zitat im Zitat einfach.

Da Texte, in denen viele längere Zitate vorkommen, unübersichtlich werden können, weil der Leser möglicherweise den Überblick darüber verliert, ob er gerade einen Darstellungsteil oder ein Zitat liest, empfiehlt sich hier ein anderes Zitationsverfahren. Sofern es sich nämlich um im Ganzen zitierte Sätze von mehr als drei Zeilen Länge handelt, können diese eingerückt in *Petit* ohne Anführungszeichen wiedergegeben werden. Das Zitat im Zitat steht hier wieder in doppelten Anführungszeichen. Unser Beispiel sieht dann so aus:

Sie [die Rationalisierung, SJ] wird zum eigentlichen Forschungsgegenstand seiner [Max Webers, SJ] späten Schriften und Vorlesungen »Wirtschaft und Gesellschaft« und »Die Wirtschaftsethik der Weltreligionen«.

Das Fußnotenzeichen, eine hochgestellte Ziffer, folgt direkt auf die Zitatstelle. Wird nur ein Wort oder ein Satzteil zitiert, dann hängt die Ziffer den Abführungszeichen dieses »Wortes«[1] oder dem Satzzeichen an, »das zum letzten Wort des zitierten Satzteils gehört«,[2] auch wenn noch ein weiterer Satzteil folgt. »Wird ein ganzer Satz zitiert, steht die Ziffer entsprechend hinter den Abführungszeichen nach dem letzten Satzzeichen.«[3]
In Kap. 6.3.5. wurde bereits die Möglichkeit angedeutet, in Essays die Herkunft von Zitaten im Text zu vermerken. Wenn unser Satz also lautet: Reinhart Koselleck beurteilt den »Zufall als Motivationsrest«, dann können wir in Klammern dazufügen (*Vergangene Zukunft*, 1979). Ohne also die genaue Zitatstelle genannt zu bekommen, weiß der geübte Leser historischer Texte dann, dass unser Zitat Kosellecks Sammelband *Vergangene Zukunft. Zur Semantik geschichtlicher Zeiten* entstammt, der 1979 in Frankfurt am Main erschien. Diese Zitationsweise sollte aber sehr sparsam und ausschließlich in Essays verwendet werden, da sie der Darstellung Raum nimmt und überdies den Lesefluss irritiert.

6.4.4.3. Anmerkungen zu Monographien

Es gibt mehrere mögliche Zitierweisen. Allen ist gemeinsam, dass sie vollständige Angaben enthalten und einheitlich sein müssen. Das Zitat einer Monographie enthält die Angaben des oder der Verfasser, den Titel und Untertitel des Werks, den Veröffentlichungsort und das -jahr sowie die Band- und Seitenzahl, auf der das entsprechende Zitat zu finden ist. Im Gegensatz zu englischsprachigen Ländern wird in der deutschen Zitierweise nicht der Verlag angegeben. Hier ein Beispiel in zwei unterschiedlichen, aber jeweils korrekten Zitierweisen:

> Nipperdey, Thomas: Deutsche Geschichte 1866–1918. München 1990. Bd. 1: Arbeitswelt und Bürgergeist. S. 123.

Oder:

> Thomas Nipperdey, Deutsche Geschichte 1866–1918, München 1990, Bd. 1: Arbeitswelt und Bürgergeist, S. 123.

Unser Beispiel hat keinen Untertitel, dieser wäre gegebenenfalls hinter dem Haupttitel anzugeben, bei beiden Beispielen durch einen Punkt von diesem getrennt. Da es sich außerdem um die erste Auflage handelt, ist keine Auflagenzahl vermerkt. Wäre eine zweite Auflage 1992 erschienen, müssten wir angeben »²1992« oder »1992²«. Erstreckt sich die Textstelle, auf die wir uns beziehen, über mehrere Seiten, geben wir an: »S. 123–128.« Reicht die Textstelle nur bis zur nächsten Seite, geben wir an: »S. 123 f.«; »f.« bedeutet hier: »folgende« (»ff.« steht für zwei oder mehrere folgende Seiten).

Ist eine Monographie in einer *Veröffentlichungsreihe* erschienen, bauen wir den Hinweis auf diese Reihe in unsere Angaben ein. Das sähe dann zum Beispiel so aus:

Born, Karl Erich: Von der Reichsgründung bis zum Ersten Weltkrieg. München ⁹1984. S. 75. (Gebhardt Handbuch der deutschen Geschichte, Bd. 16.)

Oder:

Karl Erich Born, Von der Reichsgründung bis zum Ersten Weltkrieg (= Gebhardt Handbuch der deutschen Geschichte, Bd. 16), München 1984⁹, S. 75.

Eine besondere Form der Monographie stellen Dissertationen (Doktorarbeiten) dar. Sind sie in einem Verlag erschienen, werden sie wie alle anderen Monographien zitiert. Blieben sie ungedruckt, dann zitieren wir dies mit:

Gerlach, Hans-Christian: Agitation und parlamentarische Wirksamkeit der deutschen Antisemitenparteien 1873–1895. Kiel Diss. 1956. S. 24.

Oder:

Hans-Christian Gerlach, Agitation und parlamentarische Wirksamkeit der deutschen Antisemitenparteien, Diss. Kiel 1956, S. 24.

Zu beachten ist, dass sich die folgenden Beispiele immer auf Zitate aus dem Textkörper beziehen. Sollten wir aus den Anmerkungen eines vorliegenden Werks zitieren, geben wir hinter der entsprechenden Seitenzahl die Nummer der Anmerkung an (z. B. »Anm. 134«).

6.4.4.4. Anmerkungen zu Aufsätzen

Zitieren wir aus einem Sammelbandaufsatz, müssen wir nicht nur den Autor des Aufsatzes und dessen Titel angeben, sondern auch den oder die Herausgeber und die Angaben zum Sammelband. Die Kennzeichnung des Herausgebers wird durch den Zusatz »(Hrsg.)« oder »(Hg.)«

vorgenommen. Wenn ein Band mehrere Herausgeber hat, kann man das wahlweise auch als »(Hrsgg.)« oder »(Hgg.)« vermerken. Bei der Seitenangabe kann man entweder nur die Seite vermerken, auf die man sich direkt bezieht, oder man stellt zunächst die Gesamtseitenzahl des Aufsatzes voran. Am Beispiel sieht dies so aus:

Vogler, Günter: Probleme einer Periodisierung der Geschichte. In: Geschichte. Ein Grundkurs. Hrsg. von Hans-Jürgen Goertz. Reinbek 1998. S. 205.

Oder:

Günter Vogler, Probleme einer Periodisierung der Geschichte, in: Hans-Jürgen Goertz (Hg.), Geschichte. Ein Grundkurs, Reinbek 1998, S. 205.

Ähnliches gilt für Zitate aus Aufsätzen, die sich in Zeitschriften befinden, allerdings wird bei Zeitschriften, Zeitungen und Jahrbüchern kein Erscheinungsort mitzitiert. Das Erscheinungsjahr kann dafür in Klammern gesetzt werden. Außerdem muss der betreffende Band bzw. die Nummer (bei Zeitungen) hinter dem Titel angegeben werden:

Bubner, Rüdiger: Geschichtswissenschaft und Geschichtsphilosophie. In: Jahrbuch für Universalgeschichte 43 (1992). S. 57.

Oder:

Rüdiger Bubner, Geschichtswissenschaft und Geschichtsphilosophie, in: Jahrbuch für Universalgeschichte 43, 1992, S. 57.

Oder:

Hölscher, Lucian: Was kommt, ist schon da. In: Süddeutsche Zeitung Nr. 240. 16./17.10.1999. Wochenendbeilage. S. III.

Oder:

Lucian Hölscher, Was kommt, ist schon da, in: Süddeutsche Zeitung Nr. 240 vom 16./17.10.1999, Wochenendbeilage, S. III.

6.4.4.5. Anmerkungen zu Nachschlagewerken

Bei Zitaten aus Lexika und Handwörterbüchern wird das zitierte Stichwort in »doppelte Anführungsstriche« gesetzt und mit dem Zusatz »Art.« für »Artikel« versehen. Bei Nachschlagewerken muss man unterscheiden, ob für den Artikel, aus dem zitiert wird, ein eigener Autor genannt ist oder nicht. Ist kein eigener Autor genannt, zitieren wir so:

Fuchs, Konrad / Raab, Heribert (Hrsg.): dtv-Wörterbuch zur Geschichte. München ⁵1983. Art. »Quellen«. Bd. 1. S. 656 f.

Oder:

Konrad Fuchs und Heribert Raab (Hgg.), dtv-Wörterbuch zur Geschichte, München 1983⁵, Art. »Quellen«, Bd. 1, S. 656 f.

In Lexika und Handwörterbüchern, in denen Autoren zu einzelnen Artikeln angegeben sind, folgt unsere Zitierweise der von Sammelbandaufsätzen. Sie sieht dann folgendermaßen aus:

Rüsen, Jörn / Schulze, Winfried: Art. »Methode, historische«. In: Historisches Wörterbuch der Philosophie. Hrsg. von Joachim Ritter und Karlfried Gründer. Bd. 5. Darmstadt 1980. Sp. 1345–1355.

Oder:

> Jörn Rüsen und Winfried Schulze, Art. »Methode, historische«, in: Joachim Ritter / Karlfried Gründer (Hgg.), Historisches Wörterbuch der Philosophie, Bd. 5, Darmstadt 1980, Sp. 1345–1355.

Das Kürzel »Sp.« steht hier für »Spalte«, da in dem genannten Werk keine Seiten-, sondern eine Spaltenzählung vorgenommen wurde. Die Angabe der Bandzahl steht im Unterschied zum Zitat des Wörterbuchs von Fuchs und Raab vor dem Erscheinungsort, denn die Bände des *Historischen Wörterbuchs* sind in verschiedenen Jahren erschienen, die beiden Bände des *dtv-Wörterbuchs* dagegen in einem Jahr.

6.4.4.6. Zitate aus ›zweiter Hand‹, ›Zitieren nach‹

Ist ein Aufsatz oder eine Quelle vollständig oder gekürzt in einem Band abgedruckt, zitiert man dies wie einen Sammelbandaufsatz. Manchmal haben wir eine Quelle nicht komplett vorliegen, sondern finden nur ein Zitat in einer anderen Quelle oder in der Sekundärliteratur. In diesem Fall zitieren wir eine Quelle ›nach‹ dem Ort, in dem wir sie gefunden haben. In seiner *Geschichtswissenschaft im 20. Jahrhundert* zitiert der deutsch-amerikanische Historiker Georg G. Iggers (geb. 1926) den britischen Historiker Edward P. Thompson (1924–1993). Übernehmen wir das Zitat Thompsons, wie es bei Iggers steht, dann merken wir an:

> Thompson, Edward P.: Die Entstehung der englischen Arbeiterklasse. Nach: Iggers, Georg G.: Geschichtswissenschaft im 20. Jahrhundert. Göttingen 1993. S. 70.

Oder:

Edward P. Thompson, Die Entstehung der englischen
Arbeiterklasse, nach: Georg G. Iggers, Geschichts-
wissenschaft im 20. Jahrhundert, Göttingen 1993,
S. 70.

Wissen wir nur den Autor des Zitats, nicht aber den Titel, aus dem dies stammt, lassen wir diesen einfach unge-
nannt (»Thompson, Edward P. Nach: ...«). Vorsicht: Dieses ›Zitieren nach‹ wird nur bei kurzen Zitatsequenzen
angewendet. Mit Zitaten aus zweiter Hand sollte recht
sparsam umgegangen werden: Der Blick ins Original ist
immer vorzuziehen, denn es geschieht nicht selten, dass
Originale falsch wiedergegeben sind.

6.4.4.7. Anmerkungen zu Bildern, Karten und Tabellen

Verweisen wir auf Bildquellen, geben wir die Art der Bild-
quelle, ihren Inhalt und den Ort an, an dem wir sie gefunden haben. Auch wenn dieser Ort ein Aufsatz ist, reicht
hier die Angabe des Sammelbands oder der Zeitschrift aus,
in dem er sich befindet:

Foto [hier kann gegebenenfalls auch noch der Foto-
graph genannt werden] des Sterbezimmers von Annette von Droste-Hülshoff (undatiert). In: Orte der
Erinnerung. Denkmal, Gedenkstätte, Museum. Hrsg.
v. Ulrich Borsdorf und Heinrich Theodor Grütter.
Frankfurt a. M. 1999. S. 275. Abb. 7.

Oder:

Foto [hier kann gegebenenfalls auch noch der Foto-
graph genannt werden] des Sterbezimmers von Annette von Droste-Hülshoff (undatiert), in: Ulrich
Borsdorf / Heinrich Theodor Grütter (Hgg.), Orte

der Erinnerung. Denkmal, Gedenkstätte, Museum, Frankfurt a. M. 1999, S. 275, Abb. 7.

Ähnlich wie mit dem Zitat von Bildern verfährt man, wenn man Tabellen oder Statistiken zitiert. Hier muss allerdings der Name desjenigen hinzugefügt werden, der die Tabelle oder Statistik erstellt hat. Übernehmen wir nicht alle Daten oder weisen auf Karten hin, dann setzen wir vor unsere Anmerkung ein »Vgl. hierzu« oder »Siehe hierzu«:

Wehler, Hans Ulrich: Deutsche Gesellschaftsgeschichte 1700–1815. München 1987. Übersicht 6: Städtische Unterschichten um 1800. S. 193.

Oder:

Hans-Ulrich Wehler, Deutsche Gesellschaftsgeschichte 1700–1815, München 1987, Übersicht 6: Städtische Unterschichten um 1800, S. 193.

6.4.4.8. Anmerkungen zu Archivalien

Sofern es sich um öffentliche Einrichtungen handelt, werden die Namen von Archiven immer abgekürzt wiedergegeben und in einem Abkürzungsverzeichnis, das wir unserer Arbeit anfügen, aufgeschlüsselt. Auf die Angabe des Archivs folgt das Kürzel des Aktenbestands und der Akte, die wir eingesehen haben. Daran schließt sich ein kurzes *Regest* (Angabe des Inhalts in einem Satz) an, das möglichst datiert sein sollte. Dies sähe dann so aus:

BA, B 305/12, Vermerk Gawlik an Dehler, 29.10.1951.

Wir zitieren also aus einer Akte des Bundesarchivs Koblenz (BA) und zwar aus dem Bestand der Zentralen Rechtsschutzstelle (B 305), deren 12. Faszikel (Aktenbündel) wir erwähnen (/12). In diesem Faszikel findet sich ein Vermerk Hans Gawliks, des Leiters der Rechtsschutzstelle, an Justizminister Thomas Dehler vom 29. Oktober 1951, in dem Vorschläge über die Art der Haft von Kriegsverbrechern enthalten sind.

6.4.4.9. Anmerkungen zu digitalen Medien

Unproblematisch zu zitieren sind CD-ROMs; sie können wie Monographien angegeben werden, wobei hinter dem Erscheinungsjahr in Klammern der Zusatz »(CD-ROM)« hinzugefügt wird. Schwieriger ist die Angabe von Internetseiten. Trotz langjähriger Bemühungen ist es der Wissenschaftswelt bislang noch nicht gelungen, sich auf annähernd einheitliche Zitierweisen zu verständigen. Das liegt zum einen daran, dass ein Teil führender Wissenschaftler (besonders der älteren Generation) das Netz zwar als Kommunikationsmedium (E-Mail) und Recherchemöglichkeit (OPAC), nicht aber als Publikationsort akzeptiert. Zum anderen haftet dem Internet der Ruf des ›Ephemeren‹, des Flüchtigen also, an – manchmal nicht ganz zu Unrecht. Gleichwohl nehmen die digitalen Veröffentlichungen laufend zu, nicht nur die Publikationen von Schriftgut, sondern auch von Bildern, Filmen und Tondokumenten, auf die sich immer weniger verzichten lässt. Wie kann man mit diesem Dilemma umgehen?

Zunächst empfiehlt es sich, die Text- bzw. Mediensorte näher zu betrachten, mit der man es zu tun hat. Handelt es sich beispielsweise um einen ganzen Text, der eingescannt wurde, mit Seitenzahlen versehen ist und den es auch gedruckt gibt? Ist unser Interesse auf etwas gefallen, für das ein Autor erkennbar ist? Handelt es sich um ein Dokument, das laufend verändert oder ergänzt wird, oder um etwas ›Fertiges‹?

Bei Beiträgen also, die als Bilddateien (Scans) von gedruckten Quellen erzeugt wurden, stellt das Zitieren kein

Problem dar. Hier sind die Seitenangaben identisch mit den Seitenangaben der gedruckten Ausgabe, so dass wir diese einfach angeben können. Ein Beispiel hierfür sind die Lexika (z. B. *Zedlers Universal-Lexicon aller Wissenschaften und Künste, Allgemeine Deutsche Biographie*), die von der Bayerischen Staatsbibliothek digitalisiert wurden und kostenlos online verfügbar sind. Hier können wir einen Artikel so zitieren, als hätten wir den gedruckten Band in Händen gehabt, aus dem er stammt. Ähnliches gilt für Zeitungs- und Zeitschriftenbeiträge, die sowohl online als auch gedruckt vorliegen.

Haben wir einen Beitrag, für den zwar ein Verfasser verantwortlich zeichnet, der aber als reiner Fließtext ohne Seitenzahlen und Herkunftsangabe im Netz steht oder nirgends sonst veröffentlicht wurde, dann müssen wir alle wichtigen Angaben zusammentragen, die wir bekommen können. Wir beginnen mit dem Verfassernamen, setzen einen Doppelpunkt oder ein Komma und ergänzen dann Titel und Untertitel des Dokuments. Darauf folgt – durch Spiegelstriche oder einfache Pfeile abgesetzt – der vollständige Name der web-Adresse, beginnend mit »www.«. Am Ende der Angabe steht das Aktualisierungsdatum. Diese Angabe ist wichtig, da unserem Leser nur aus ihr ersichtlich ist, ob er sich auf dieselbe Textfassung bezieht wie wir. Sollte auf der zitierten Seite kein Aktualisierungsdatum genannt sein, geben wir stattdessen das Datum des letzten Aufrufs der Seite an. Am Beispiel sieht das in etwa so aus:

Graf, Dittmar, Das Internet. Zum Zitieren geeignet
>www.uni-giessen.de/biodidaktik/vdbiol/zitieren.htm<
(16.11.00).

Oder:

Dittmar Graf: Das Internet. Zum Zitieren geeignet –
www.uni-giessen.de/biodidaktik/vdbiol/zitieren.htm –
(16.11.00).

Texte ohne Autor sollten aus dem Internet ebenso sparsam zitiert werden wie bei gedruckter Literatur. Zudem muss die ›Seriosität‹ des für die benutzte Homepage Verantwortlichen beachtet werden. Eine private Homepage dürfte vermutlich wesentlich ›flüchtiger‹ sein, als es die Seiten von Universitäten, Bibliotheken und Archiven sind. Weitere Hinweise über das Zitieren von digitalen Medien findet man im Internet selbst; über Suchmaschinen lassen sich Seiten – wie die eben im Beispiel genannte – zum Umgang mit elektronischen Quellen finden.

6.4.4.10. Kurzzitierweisen

Um die Länge eines Anmerkungsapparats zu beschränken, gibt es mehrere Wege der Abkürzung. Eine erste Möglichkeit ist die Verwendung von *Kurztiteln*. Wird ein Werk häufiger zitiert, bietet es sich an, es im Folgenden nur noch mit einem Kurztitel anzugeben. Wird der Titel in der ersten Anmerkung vollständig wiedergegeben:

Friedrich Jaeger / Jörn Rüsen: Geschichte des Historismus. Eine Einführung. München 1992. S. 93.

dann könnte man sich bei folgenden Erwähnungen auf diese Formen beschränken:

Jaeger/Rüsen, Historismus, S. 76.

Oder:

Jaeger/Rüsen (wie Anm. [hier die Nummer der Erstnennung einfügen]), S. 76.

Oder:

Jaeger/Rüsen 1992, S. 76.

Benutzt man die letzte Variante, muss man darauf achten, dass Jaeger und Rüsen 1992 nicht mehrere Bücher veröffentlicht haben. Sollte dies der Fall sein, gibt man das eine im Literaturverzeichnis mit der Jahreszahl »1992« an, alle folgenden aus demselben Jahr werden mit einem Buchstaben versehen: »1992a«, »1992b« etc.

Zitiert man dasselbe Werk zwei Mal hintereinander, kann man beim zweiten Mal »ebd.« oder »ebenda« schreiben und dahinter die entsprechende Seitenzahl nennen. Der geschulte Leser weiß nun, dass sich die genannte Seitenzahl auf das in der voranstehenden Anmerkung vermerkte Werk bezieht.

6.4.5. Das Quellen- und Literaturverzeichnis

Alle Titel, die in den Anmerkungen genannt werden, müssen nochmals im Quellen- und Literaturverzeichnis aufgeführt werden – hier jedoch ohne die Seitenzahl, auf die man sich im Text bezogen hat (bei Aufsätzen und Artikeln erscheint im Literaturverzeichnis die Gesamtseitenzahl). Alle Angaben im Quellen- und Literaturverzeichnis folgen der eben beschriebenen Zitierweise.

Um eine möglichst übersichtliche Form zu erreichen, empfiehlt es sich, kleine Untergruppen zu machen, also erstens alle benutzten Archivalien zu nennen, zweitens alle Zeitungen (wenn man viele Zeitungsartikel ohne Autorennennung hat), drittens alle Quellen, viertens die gesamte Sekundärliteratur und fünftens gegebenenfalls Bildquellen, Filme und andere Medien. Die Anordnung der Quellen und Literatur kann chronologisch sein, gebräuchlicher und für den Benutzer übersichtlicher ist aber die alphabetische Reihe nach den Familiennamen der Verfasser.

6.4.6. Das Abkürzungsverzeichnis

Das Abkürzungsverzeichnis enthält alle im Text benutzten Abkürzungen, sofern diese nicht im DUDEN, Bd. 1 (= Rechtschreibung) erwähnt sind. Das heißt: Abkürzung wie »usw.«, »z. B.« oder »u. a.« gehören nicht ins Abkürzungsverzeichnis. Ebenfalls keine Aufnahme finden Abkürzungen von Archiven und deren Beständen, wenn ein Verzeichnis der Archivalien erstellt wurde. In diesem Fall sind nämlich die entsprechenden Abkürzungen hinter den angegebenen Archiven anzuführen. Ein Auszug aus einem derart angelegten Verzeichnis der Archivalien sieht so aus:

Archiv des Instituts für Zeitgeschichte (IfZ), München
ED 94: Nachlass Walter Strauß
F 154: Itinerar Mc Cloy
Fg 15: Organisationspläne
usw.

Was also gehört in das Abkürzungsverzeichnis? Zunächst einmal alle Abkürzungen politischer Organisationen und sozialer Interessenverbände (z. B. SPD: Sozialdemokratische Partei Deutschlands; DGB: Deutscher Gewerkschaftsbund). Zweitens sind dort die abgekürzten Titel von Zeitschriften, Zeitungen, Akteneditionen und Lexika aufgeführt (z. B. HZ: Historische Zeitschrift; SZ: Süddeutsche Zeitung; MGH: Monumenta Germaniae Historica; NDB: Neue Deutsche Biographie). Drittens schließlich löst das Abkürzungsverzeichnis die Siglen von Institutionen auf (z. B. Stasi: Ministerium für Staatssicherheit der DDR; SMAD: Sowjetische Militäradministration in Deutschland).

Anhang

Inhalt

A. Einleitung 4
B. Hauptteil 7
  1. Die Benutzung von Pfeil und Bogen 7
    1.1. Die Benutzung von Pfeil und Bogen in der Antike 7
      1.1.1. Die Benutzung von Pfeil und Bogen in Griechenland 8
      1.1.2. Die Benutzung von Pfeil und Bogen in Rom 12
    1.2. Die Benutzung von Pfeil und Bogen im Mittelalter 17
    1.3. Pfeil und Bogen als Sportgerät: Die Neuzeit 21
  2. Die Erfindung der Armbrust 25
    2.1. Hintergründe für das Aufkommen der Armbrust und erster Gebrauch 28
    2.2. Die Ausbreitung der Armbrust als Waffe in Europa 32
  3. Das Aufkommen von Feuerwaffen 36
    3.1. Hintergründe für das Aufkommen von Feuerwaffen und erster Gebrauch .. 37
    3.2. Erste Formen von Feuerwaffen 42
    3.3. Feuerwaffen mit Magazinen 48
    3.4. Die Perfektionierung von Feuerwaffen in der Industrialisierung 57
    3.5. Die modernen Feuerwaffen 65
C. Schluss: Vom Bogen zur Neutronenbombe. Ein Fazit 75
D. Anhang 85
  1. Abkürzungsverzeichnis 85
  2. Quellenverzeichnis 87
  3. Literaturverzeichnis 93

Beispiel für das Inhaltsverzeichnis

Beispiele für Titelblätter

Ems-Universität Lingen   WS 2005/06
Prof. Dr. Franz Sinnhuber
Hauptseminar »Der Erste Weltkrieg«

Thema der Seminararbeit:

**Der Erste Weltkrieg
im Spiegel autobiographischer Literatur:
Das Beispiel Ernst Jüngers
und Erich Maria Remarques**

Thomas Müller   MA Geschichte/Deutsch/Philosophie
Waldring 75   7. Fachsemester
49808 Lingen
0591–818170

Beispiel für das Titelblatt einer Seminararbeit

Die Königsurkunden der Stauferzeit als Quelle zur Besiedlungspolitik in Mitteleuropa

Schriftliche Hausarbeit
im Rahmen der Ersten Staatsprüfung
für das Lehramt für die Sekundarstufe I und II

dem Staatlichen Prüfungsamt für Erste Staatsprüfungen
für Lehrämter an Schulen, Lingen
eingereicht von

Thomas Müller

Lingen, 15. Februar 2005

Themenstellerin: Prof. Dr. Wilhelmine Waller
Ems-Universität Lingen
Fakultät für Geschichtswissenschaft

Beispiel für das Titelblatt einer Examensarbeit

Bibliographische Hinweise zu weiteren Einführungen in das Geschichtsstudium

Arnold, John H.: Geschichte. Eine kurze Einführung. Stuttgart 2001. [Engl. 2000.] [*Locker und amüsant geschriebene Einführung in den Gegenstand ›Geschichte‹; anschaulicher Überblick über Geschichtsauffassungen und geschichtstheoretische Hauptprobleme; keine praktischen Informationen zu Universität, Studium und wissenschaftlichem Arbeiten.*]

Bauer, Wilhelm: Einführung in das Studium der Geschichte. Frankfurt a. M. ²1961. [Zuerst 1921.] [*Sehr detaillierte Einführung in die Geschichtswissenschaft und die praktische Arbeit des Historikers; anspruchsvolle Sprache; veraltet.*]

Borowsky, Peter [u. a.]: Einführung in die Geschichtswissenschaft. Tl. 1: Grundprobleme, Arbeitsorganisation, Hilfsmittel. Opladen ⁵1989. [Nachdr. 2000; 1. Aufl. 1975.] – Tl. 2: Materialien zu Theorie und Methode. Opladen ³1993. [Zuerst 1975.] [*Stark von Sozialgeschichte geprägt, fokussiert auf Neuere und Neueste Geschichte. In Bd. 1 Konzentration auf Bibliographieren, Auswertung von Quellen und Formen schriftlicher Arbeit, keine Angaben zum Aufbau von Universität und Studium. Bd. 2 ist eine wenig brauchbare Sammlung von Arbeitstexten (Auszüge aus geschichtstheoretischen und historiographischen Texten).*]

Boshof, Egon [u. a.]: Grundlagen des Studiums der Geschichte. Eine Einführung. Köln ⁵1997. [Zuerst 1973.] [*Bietet jeweils eine Quellenkunde und einen Überblick über die »Grundwissenschaften« (z. B. Chronologie, Historische Geographie, Heraldik) der Epochen Alte, Mittelalterliche und Neuere Geschichte, anspruchsvolle Sprache, ganz wenige Hinweise auf praktische Belange des Studiums sowie Form und Inhalt von Studienarbeiten.*]

Brunner, Karl: Einführung in den Umgang mit Geschichte. Wien ²1991. [Zuerst 1985.] [*Führt in die Geschichtstheorie ein, beschreibt Quellen und Literatur; thematisiert ausführlich die Frage, welche Relevanz die Beschäftigung mit Geschichte haben kann.*]

Buchmann, Bertrand Michael: Einführung in die Geschichte. Wien 2002. [*Einführung in die Geschichtswissenschaft; gibt in der Art eines Lexikons Überblicke über »Strukturen« (z. B. »Identität«, »Mentalitäten«) und Teildisziplinen der Geschichte; enthält den Abriss einer Geschichte der Geschichtsschreibung seit der Antike; kurze Hinweise zu Literatur und Archiv; keine Informationen zu Universität und Studium, keine Anleitung zum praktischen historischen Arbeiten.*]

Burschel, Peter [u. a.]: Geschichte. Ein Tutorium. Freiburg i. Br. 1997. [*Kommentierte Bibliographie mit Schwerpunkt auf der Literatur- und Quellenrecherche.*]

Dengg, Sören / Swolek, Inge: Uni-Training Geschichtswissenschaft. Geschichtsschreibung und Geschichte. Stuttgart/Dresden 1996. [*Größtenteils Sammlung von historiographischen und geschichtstheoretischen Texten zur Bearbeitung; nur wenig praktische Hinweise; für das Studium kaum praktikabel.*]

Eckermann, Walther / Mohr, Hubert (Hrsg.): Einführung in das Studium der Geschichte. Berlin ⁴1986. [Zuerst 1966.] [*Sehr ausführliche Einführung in Literatursuche, historische Hilfswissenschaften und Umgang mit Quellen, Hinweise sind immer auf Historischen Materialismus bezogen, daher für heutiges ›normales‹ Studium nicht zu gebrauchen; als ›historische Quelle‹ geeignet, um etwas über das Geschichtsstudium und -denken in der DDR zu erfahren.*]

Faber, Erwin / Geiss, Imanuel: Arbeitsbuch zum Geschichtsstudium. Einführung in die Praxis wissenschaftlicher Arbeiten. Heidelberg ³1996. [Zuerst 1983.] [*Praktische Einführung in die Literaturrecherche, for-*

male Gestaltung und den Aufbau geschichtswissenschaftlicher Arbeiten; ausführliche Auswahlbibliographie; Beispiele ausschließlich aus den Bereichen Neuere und Neueste Geschichte; keine Hinweise zur Universität und zur Geschichte und Struktur der Geschichtswissenschaft.]

Freytag, Nils / Piereth, Wolfgang: Kursbuch Geschichte. Tipps und Regeln für wissenschaftliches Arbeiten. Paderborn [u. a.] 2004. [*Sehr anschauliche, kurze Einführung in Literaturrecherche, Verfassen schriftlicher Arbeiten und Zitierweise; starke Berücksichtigung der Arbeit mit dem Internet; wenige Kommentare zur Struktur von Universitäten und Studium.*]

Geiss, Imanuel: Geschichte griffbereit. 6 Bde. Gütersloh [u. a.] ³2002. [Zuerst 1979.] [*Merkwürdiges Mammutwerk; Bd. 1 bietet eine chronologische Übersicht über Daten der Weltgeschichte, Bd. 2 ist ein biographisches Lexikon, Bd. 3 ein historisches Ortslexikon, Bd. 4 ein historisches Sachwörterbuch, Bd. 5 eine Darstellung der Geschichte einzelner Staaten und Bd. 6 ein weltgeschichtlicher Abriss; aufgrund des Umfangs nicht gut benutzbar; keine praktischen Hinweise zur Geschichtswissenschaft und zum Studium.*]

Goetz, Hans-Werner: Proseminar Geschichte: Mittelalter. Stuttgart ²2000. [Zuerst 1993.] [*Neben thematischen Informationen zu besonderen Problemen des Mittelalters auch methodische Hinweise; Überblick über die Historischen Hilfswissenschaften; Vorstellung verschiedener Forschungsansätze; nichts zur Universität und zur Theorie der Geschichte.*]

Howell, Martha / Prevenier, Walter: Werkstatt des Historikers. Eine Einführung in die historischen Methoden. Köln [u. a.] 2004. [Engl. 2001.] [*Basiert auf einer niederländischen Einführung von Prevenier, 1995; beschäftigt sich ausschließlich mit Textarbeit: Quellenkunde, Hilfswissenschaften, Interpretation; keine Bemerkungen zum*

Studium und zum Verfassen geschichtswissenschaftlicher Arbeiten.]

Kirn, Paul: Einführung in die Geschichtswissenschaft. Berlin ⁶1972. [Zuerst 1947.] [*Klassiker des Geschichtsstudiums in Westdeutschland bis in die 1960er Jahre; heute nur von ›historischem‹ Wert.*]

Lukis, Helmut: Hinweise für Anfänger im Studium der Geschichte an der Ruhr-Universität Bochum. Bochum ¹¹1995. [Zuerst 1969.] [*Klassiker der Bochumer Geschichtsstudierenden; führt in Universitätsstrukturen, Studienplanung sowie formale Gestaltung geschichtswissenschaftlicher Arbeiten ein; viele nützliche Ratschläge; leider nur in wenigen Bibliotheken vorhanden.*]

Nünning, Vera / Saal, Ralf: Uni-Training Geschichtswissenschaft. Einführung in Grundstrukturen des Fachs und Methoden der Quellenarbeit. Stuttgart/Dresden 1995. [*Bietet Fallbeispiele für die Bearbeitung einer bestimmten Quelle in der Form eines Schulbuchs; darüber hinaus kaum allgemeine praktische Hinweise; für das Studium wenig praktikabel.*]

Opgenoorth, Ernst: Einführung in das Studium der neueren Geschichte. Paderborn [u. a.] ⁶2001. [Zuerst 1969.] [*Oldie but Goldie; Kombination aus thematischer Einführung in die Neuere Geschichte und in erste methodische Grundlagen; Überblick über Historische Hilfswissenschaften; kurze Hinweise auf Studienplanung.*]

Schieder, Theodor: Geschichte als Wissenschaft. Eine Einführung. München ²1968. [Zuerst 1965.] [*Konzentriert sich auf die theoretischen Grundlagen der Geschichtswissenschaft, nur spärliche Hinweise zu Methoden, nichts zu praktischer Arbeit; veraltet, aber als Quelle für das historische Denken in seiner letzten Phase benutzbar.*]

Schmale, Wolfgang (Hrsg.): Schreib-Guide Geschichte: Schritt für Schritt wissenschaftliches Schreiben lernen. Wien [u. a.] 1999. [*Beschäftigt sich ausschließlich mit al-*

len Aspekte des Schreibens von verschiedenen Formen historischer Arbeiten und der dazu notwendigen Recherche in Bibliotheken und Bibliographien.]

Schmidt, Jörg: Studium der Geschichte. München 1975. [*Sehr an der Theoriediskussion der 1970er Jahre orientiert; Sprache mitunter anspruchsvoll; keine arbeitspraktischen Hinweise, nichts zur Organisation des Studiums; veraltet.*]

Sellin, Volker: Einführung in die Geschichtswissenschaft. Göttingen ²2001. [Zuerst 1995.] [*Führt vornehmlich in die Geschichtswissenschaft, nicht in das Geschichtsstudium ein; fokussiert daher stark auf die Darstellung der theoretischen Grundlagen geschichtswissenschaftlicher Arbeit, keine Anleitung zur praktisch-historiographischen Arbeit; begrenzte Auswahlliteratur.*]

Stöber, Rudolf: Geschichte. Eine Einführung. Opladen 1996. [*Nur wenige Hinweise zur Arbeit mit Quellen, ansonsten (fragwürdige) Darstellung ›großer‹ Themen der deutschen Geschichte im 19. und 20. Jahrhundert; richtet sich an »journalistische Praktiker und alle, die im beruflichen Alltag geschichtliche ›Tatsachen‹ wissen müssen« (Klappentext); für den Einstieg ins Geschichtsstudium nicht geeignet.*]

Zum Autor

STEFAN JORDAN, geboren 1967, Dr. phil., Studium der Fächer Geschichte, Philosophie, Sozialwissenschaften und Deutsch an der Ruhr-Universität Bochum. Wiss. Angestellter bei der Bayerischen Akademie der Wissenschaften, München. Arbeitsschwerpunkte: Geschichte der Geschichtswissenschaft, Geschichtstheorie und -philosophie, Theorie der Kulturwissenschaften. Weitere Veröffentlichungen bei Reclam: (Hrsg.) Lexikon Geschichtswissenschaft. Hundert Grundbegriffe. 2002. – (Mithrsg.) Lexikon Theologie. Hundert Grundbegriffe. 2004. – (Mithrsg.) Lexikon Psychologie. Hundert Grundbegriffe (i. Vorb.).

Deutsche Geschichte
in Quellen und Darstellung

Eine neue, elfbändige Reihe mit den wichtigsten Quellentexten der deutschen Geschichte. Jedes Dokument wird einzeln erläutert und in den historischen Kontext eingeordnet. Auf der Basis des authentischen Materials der Zeit entsteht so eine fortlaufend lesbare Einführung in die jeweilige Epoche.

Bd. 1: Frühes und hohes Mittelalter. 750–1250.
Hrsg. von W. Hartmann. 472 S. UB 17001

Bd. 2: Spätmittelalter. 1250–1495.
Hrsg. von J.-M. Moeglin u. R. A. Müller. 503 S. UB 17002

Bd. 3: Reformationszeit. 1495–1555.
Hrsg. von U. Köpf. 503 S. UB 17003

Bd. 4: Gegenreformation und Dreißigjähriger Krieg. 1555–1648.
Hrsg. von B. Roeck. 437 S. UB 17004

Bd. 5: Zeitalter des Absolutismus. 1648–1789.
Hrsg. von H. Neuhaus. 488 S. UB 17005

Bd. 6: Von der Französischen Revolution bis zum Wiener Kongreß. 1789–1815.
Hrsg. von W. Demel u. U. Puschner. 427 S. UB 17006

Bd. 7: Vom Deutschen Bund zum Kaiserreich. 1815–1871.
Hrsg. von W. Hardtwig u. H. Hinze. 488 S. UB 17007

Bd. 8: Kaiserreich und Erster Weltkrieg. 1871–1918.
Hrsg. von R. v. Bruch. 511 S. UB 17008

Bd. 9: Weimarer Republik und Drittes Reich. 1918–1945.
Hrsg. von H. Hürten. 464 S. UB 17009

Bd. 10: Besatzungszeit, Bundesrepublik und DDR. 1945–1969.
Hrsg. von M. Niehuss. 478 S. UB 17010

Bd. 11: Bundesrepublik und DDR. 1969–1990.
Hrsg. von D. Grosser, St. Bierling u. B. Neuss. 422 S. UB 17011

Philipp Reclam jun. Stuttgart